©   Verlag Zabert Sandmann GmbH,
München
8. Auflage 2008
ISBN 978-3-932023-59-0

Fotografie	Christian R. Schulz
Foodstyling	Monika Reiter
Redaktion	Kathrin Gritschneder, Gertrud Köhn, Linda Walz
Rezeptbearbeitung	Monika Reiter
Grafische Gestaltung	Georg Feigl
Herstellung	Karin Mayer, Peter Karg-Cordes
Lithografie	inteca Media Service GmbH, Rosenheim
Druck/Bindung	Mohn media Mohndruck GmbH, Gütersloh

In Zusammenarbeit mit Radio Bayern 3

Besuchen Sie uns auch im Internet unter www.zsverlag.de

Alfons Schuhbeck

Meine Saucen

Dips, Dressings, Salsas & Co.

ZABERT SANDMANN

Inhalt

Saucen
von A bis Z

Die Sauce ist die Krönung eines jeden Gerichts. Und der Saucier ist der König der Küche. Nicht umsonst beschäftigt die gehobene Gastronomie einen eigenen Koch, der sich auf die hohe Kunst der Saucen versteht. Er ist wie der Dirigent eines Orchesters. Die Melodie ist das Gericht, die Sauce soll harmonisch dazu passen und nicht dessen Eigengeschmack erdrücken. Eine gute Sauce betont und verfeinert, hält sich aber vornehm im Hintergrund und dient der Gesamtkomposition.

In diesem Buch möchte ich die Geheimnisse der Saucenherstellung lüften. Zunächst geht es um die traditionellen Grundsaucen, dann um die Saucen der klassischen Küche, und schließlich um neue Kreationen. Und nicht zuletzt findet man in diesem Buch auch jede Menge Dips, Salsas oder Vinaigrettes. Schnelle Saucen, die man leicht abwandeln kann und die zu einer Vielzahl auch kalter Speisen passen.

Für die Komposition einer guten Sauce sind für mich drei Punkte wichtig: Zuerst einmal muss die Qualität der Grundprodukte stimmen. Hier darf man nicht am falschen Ende sparen. Dann sollte man immer auf die richtigen Gartemperaturen achten. Einmal zu heiß gekocht – schon hat sich der gute Geschmack verflüchtigt und die wertvollen Inhaltsstoffe sind verflogen. Und schließlich ist entscheidend, wann die einzelnen Zutaten beigegeben werden. Nur so können sich alle Komponenten richtig und rechtzeitig entfalten und die Saucen erhalten einen eigenen und g'schmackigen Charakter.

Ein gutes Gelingen wünscht Ihnen Ihr
Alfons Schuhbeck

Gemüsebrühe

Zutaten für ca. 2,5 l:

3 Zwiebeln

300 g Knollensellerie

3 Möhren

3 Petersilienwurzeln

1 Lauchstange

150 g geschlossene weiße
Champignons

5 vollreife Tomaten

1 Lorbeerblatt

1 TL Pimentkörner

1 TL Pfefferkörner

Salz

Zubereitung:

1 1 ungeschälte Zwiebel mit Schale quer halbieren und in einer Pfanne ohne Fettzugabe auf der Schnittfläche dunkel bräunen (Foto 1). Die anderen Zwiebeln schälen und vierteln. Sellerie, Möhren und Petersilienwurzeln schälen, Lauch längs halbieren, putzen, waschen und grob zerkleinern. Champignons säubern, nur wenn nötig waschen. Tomaten waschen, Stielansätze entfernen und grob zerkleinern (Foto 2).

2 Die angebräunte Zwiebel, die Zwiebelstücke, Sellerie, Möhren, Petersilienwurzeln und Tomaten mit 3 l kaltem Wasser in einen Topf geben (Foto 3). Lorbeer, Piment- und Pfefferkörner einlegen, langsam aufkochen lassen, 1 Prise Salz hinzufügen und alles 45 Minuten ziehen lassen.

3 Lauch und Champignons dazugeben und weitere 10 Minuten ziehen lassen. Damit der Geschmack des Gemüses in die Brühe übergeht und sie trotz langer Garzeit ihre Frische behält, darf die Brühe nicht kochen. Zum Schluss abkühlen lassen und durch ein Passiertuch seihen (Foto 4).

▶ Tipp:

In allen Brühen nur solche Kräuter und Gewürze länger mitkochen, die Farbe und Geschmack gut halten, wie z.B. Lorbeer, Piment, Pfeffer oder Wacholder. Thymian- oder Rosmarinzweige, Knoblauch- oder Ingwerscheiben dagegen erst ganz zum Schluss einlegen, wenn der jeweilige Fond reduziert ist und nur noch abgeschmeckt werden muss.

Geflügelfond

Zubereitung:

1 Die Geflügelkarkassen grob zerkleinern (Foto 1) und in einem Topf bei milder Hitze im Öl farblos anschwitzen, dann mit 4 l Wasser auffüllen und 2 Stunden leise sieden lassen. Den aufsteigenden Schaum immer wieder abschöpfen (Foto 2).

2 Möhre, Zwiebel und Sellerie schälen, grob zerkleinern und nach etwa 1 1/2 Stunden mit den Gewürzen in den Sud geben. Die Champignons mit einem Tuch säubern, nur wenn nötig waschen. Den Lauch längs halbieren, putzen, gründlich waschen. Die Champignons und den Lauch erst 10 Minuten vor Ende der Garzeit in den Sud legen.

3 Die Geflügelbrühe vom Herd nehmen und auskühlen lassen. Behutsam durch ein geruchsfreies, feines Tuch seihen (Foto 3), mit Schöpfkelle oder Küchenpapier das Fett abnehmen (Foto 4), leicht salzen.

▶ Tipp:

Diese Brühe kann als Basis für Saucen verwendet werden. Für jede Brühe ist es wichtig, dass sie mit kaltem Wasser aufgefüllt wird, damit sie klar bleibt. Daher auch beim Abseihen von Brühen und Fonds die Flüssigkeit nicht unnötig bewegen. Am besten erst die abgekühlte Brühe durchseihen, da sich die Trübstoffe dann bereits abgesetzt haben.

Zutaten für ca. 2,5 l:

3 kg Geflügelkarkassen und -fleisch (Suppenhuhn, Hähnchenflügel usw., ohne Innereien)

2 EL Öl

1 Möhre

1 Zwiebel

120 g Knollensellerie

1 Lorbeerblatt

1 TL schwarze Pfefferkörner

1/2 TL Pimentkörner

50 g geschlossene weiße Champignons

1/2 Lauchstange

Salz

Dunkler Kalbsfond

Zutaten für ca. 2 l:

1 ½ kg Kalbsknochen
1 Zwiebel
1 Möhre
150 g Knollensellerie
2 vollreife Tomaten
1 TL Puderzucker
1 EL Tomatenmark
1 Lorbeerblatt
1 TL schwarze Pfefferkörner

Zubereitung:

1 Die Knochen klein hacken und auf einem Blech im Ofen bei 200 °C rundherum in gut 30 Minuten bräunen (Foto 1). Das Gemüse schälen und in nicht zu kleine Würfel schneiden. Die Tomaten waschen, Stielansätze entfernen und grob zerkleinern.

2 In einem Topf bei mittlerer Hitze Puderzucker hell karamellisieren und die angebräunten Knochen dazugeben (Foto 2). Tomatenmark hinzufügen und mit andünsten (Foto 3). Mit 3 ½ l kaltem Wasser gut bedecken und etwa 2 Stunden mehr ziehen als köcheln lassen. Das Gemüse mit Lorbeer und Pfeffer erst 30 Minuten vor Ende der Garzeit dazugeben (Foto 4).

3 Anschließend den Fond vom Herd nehmen und abkühlen lassen. Behutsam durch ein Passiertuch gießen.

▶ Tipp:

Diesen Kalbsfond nimmt man in der klassischen französischen Küche zum Auffüllen einer braunen Grundsauce. Kalbsfond kann auch reduziert und zum Abschmecken von Vinaigrettes oder zum Ablöschen von gebratenem Gemüse verwendet werden.

Als Passiertuch eignet sich ein fein gewebtes Küchentuch, das ohne Waschmittel und Weichspüler gewaschen wurde.

Fischfond

Zubereitung:

1 Die Karkassen zerkleinern und in kaltem Wasser mindestens 2 Stunden wässern, das Wasser zwischendurch mehrmals wechseln. Dann die Karkassen herausnehmen und gut abtropfen lassen (Foto 1).

2 Die Zwiebel schälen, Lauch und Fenchel putzen, vom Sellerie die Blätter entfernen und alles grob zerkleinern. Die Champignons nur wenn nötig waschen, Tomaten ohne Stielansätze zerkleinern.

3 In einem Topf bei milder Hitze das Öl erhitzen und die Karkassen mit Zwiebel, Lauch, Fenchel, Sellerie und Pilzen darin andünsten (Foto 2). Mit Weißwein und Wermut ablöschen, mit 3 l Wasser auffüllen (Foto 3).

4 Einmal aufkochen lassen, Tomaten, Knoblauch, Pfefferkörner und Lorbeerblatt einlegen (Foto 4). Aufsteigenden Schaum mit einer Kelle abnehmen und den Fond 30 Minuten mehr ziehen als köcheln lassen. Vom Herd nehmen und abkühlen lassen. Vorsichtig durch ein geruchsfreies Passiertuch seihen.

▶ Tipp:

Der beste Fischfond – ein Fond, der nicht zu dominant nach Fisch schmeckt – entsteht, wenn man nur die Gräten und keine Fischabfälle verwendet. Die Karkassen von Lachs, Forelle, Saibling und Lachsforelle haben häufig einen etwas tranigen Geschmack.

Zutaten für ca. 2 l:

1 1/2 kg Karkassen von Stein-
butt, Seezunge, Seeteufel,
Kabeljau oder Petersfisch
(möglichst kein Lachs, Forelle,
Saibling oder Lachsforelle)
1 Zwiebel
1 Lauchstange (weißer Teil)
1/2 Fenchelknolle
1 Selleriestange
50 g geschlossene weiße
Champignons
2 kleinere Tomaten
4 EL Olivenöl
1/4 l Weißwein
4 cl Wermut (Noilly Prat)
1 Knoblauchzehe
1 TL schwarze Pfefferkörner
1 kleines Lorbeerblatt

Vinaigrette

Zutaten für ca. 300 g:

*1 Schalotte (oder 2 EL feine
Zwiebelwürfel)
8 EL Rotweinessig
1 gestrichener TL Senf
Salz
Pfeffer aus der Mühle
200 ml Olivenöl
Kräuter nach Belieben*

Zubereitung:

1 Die Schalotte schälen und in kleine Würfel schneiden (Foto 1).

2 Essig und Senf in einer Schüssel verrühren, nach Belieben salzen und pfeffern (Foto 2).

3 Das Öl erst tropfenweise, dann etwas zügiger unter kräftigem Rühren hinzufügen, dann die Schalotten- oder Zwiebelwürfel dazugeben (Foto 3).

4 Nach Belieben Kräuter in die Vinaigrette geben (Foto 4).

▶ Tipp:

Alle Zutaten sollten Zimmertemperatur haben, damit sie sich optimal miteinander verbinden.

Mit Essig und Öl können Sie beliebig variieren: Zum Beispiel einen Teil Olivenöl durch Nussöl, Rotweinessig durch Sherryessig ersetzen – Varianten gibt es unzählige.

Kräuter sollten Sie erst zum Schluss in die Vinaigrette geben, da sie durch die Essigsäure schnell ihre leuchtende Farbe verlieren und unansehnlich werden. Lediglich in Vinaigrettes auf Zitronensaftbasis hält sich die grüne Farbe von Kräutern und Gemüse, wie Zucchini oder Lauch, sehr gut.

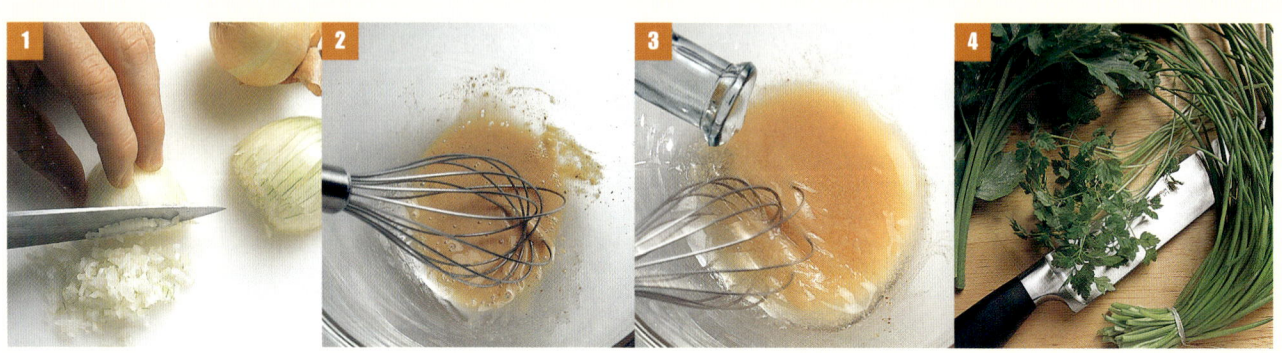

Mayonnaise

Zubereitung:

1 Eigelb mit 1 Prise Salz verrühren und 1 Minute stehen lassen, dadurch verbindet es sich später besser mit dem Öl (Foto 1).

2 Rotweinessig, Worcestershiresauce, Senf und etwas Cayennepfeffer untermischen (Foto 2).

3 Dann in einem dünnen Strahl das Öl hineinrühren, zuerst nur tropfenweise, später etwas zügiger (Foto 3).

4 Mit Salz und Pfeffer abschmecken (Foto 4). Im Kühlschrank aufbewahren und innerhalb eines Tages verzehren (rohes Ei!).

▶ Tipp:

Das Wichtigste bei der Mayonnaise-Zubereitung ist, dass alle Zutaten Raumtemperatur haben. Am besten gelingt die Mayonnaise in einer runden Schüssel, da sich darin die kleine Menge Eigelb mit den anderen Zutaten gut sammeln kann und so das Öl schnell gebunden wird.

Sollte die Mayonnaise einmal gerinnen, die wertvollen Zutaten nicht wegwerfen, sondern erneut 1 Eigelb mit 1 Prise Salz verrühren und 1 Minute stehen lassen. Dann die geronnene Mayonnaise zuerst tropfenweise, dann zügiger in das Eigelb rühren.

Zutaten für ca. 250 g:

2 Eigelb
Salz
1 EL Rotweinessig
einige Tropfen Worcestershire-sauce
1/2 TL scharfer Senf
Cayennepfeffer
200 ml Öl
Pfeffer aus der Mühle

Klassische Saucen

Helle Rahmsauce

Schmeckt zu:
- pochiertem Geflügel oder Kalbfleisch
- Nudelgerichten mit Schinken, Pilzen oder Gemüse
- gedämpftem oder pochiertem Fisch

Zutaten für ca. 500 ml:

1 Zwiebel

1 EL Öl

300 ml Geflügelbrühe

1/2 kleines Lorbeerblatt

50 g kalte Butter

100 g Sahne

Salz

Cayennepfeffer

1 Streifen unbehandelte
Zitronenschale

Zubereitung:

1 Die Zwiebel schälen, in kleine Würfel schneiden und in einem kleinen Topf im Öl glasig andünsten. Mit Brühe auffüllen, das Lorbeerblatt einlegen und die Sauce etwa 20 Minuten leise sieden lassen.

2 Das Lorbeerblatt entfernen und den Sud mit Butter und Sahne mixen. Die Sahnesauce mit Salz und Cayennepfeffer abschmecken. Die Zitronenschale einlegen und ein paar Minuten darin ziehen lassen, dann entfernen.

▶ Raffiniert verfeinert:

Sahnesaucen können mit frischen Kräutern oder mit einer unserer Buttermischungen (s. S. 76 ff) je nach Belieben geschmacklich variiert werden.

▶ Weißweinsauce:

Auf die gleiche Art wird Weißweinsauce hergestellt: Die angedünsteten Zwiebelwürfel mit 80 ml Weißwein und 1 TL Wermut (Noilly Prat) ablöschen und mit 250 ml Brühe auffüllen. Da die Zwiebeln in Weißwein langsamer garen, sollte die Sauce mindestens 15 Minuten länger sieden. Die Zwiebelwürfel müssen ganz weich gekocht sein, um der Sauce Bindung geben zu können.

Info

Das klassische Vorbild unserer Rahmsauce ist die »Sauce Velouté«, die mit Mehl und Eigelb gebunden wird. Beide Saucen verdanken ihren Geschmack vor allem der jeweils verwendeten Brühe: Für eine helle Rahmsauce zum Fisch nimmt man zum Beispiel statt der Geflügelbrühe Fischfond.

Dunkle Grundsauce

Schmeckt zu:
- Rind, Kalb, Schwein und Lamm
- kurz gebratenem Fleisch
- gebratenem Gemüse (als Glasur)

Zubereitung:

1 Den Backofen auf 200 °C vorheizen. Die Knochen klein hacken und auf einem Blech im vorgeheizten Ofen rundherum in 30 Minuten bräunen. Das Gemüse schälen und in etwa 2 cm große Würfel schneiden.

2 In einem Topf bei mittlerer Temperatur den Puderzucker hell karamellisieren, gebräunte Knochen dazugeben. Tomatenmark hinzufügen, etwas mitdünsten lassen und mit einem Drittel des Rotweins ablöschen. Sirupartig reduzieren lassen, erneut mit etwas Rotwein ablöschen, wieder reduzieren lassen. Den Vorgang noch einmal wiederholen.

3 Das Gemüse hineinrühren, den Kalbsfond angießen und das Ganze mindestens 1 Stunde kaum merklich köcheln lassen. Nach 45 Minuten die Gewürze einlegen. Danach die Sauce durch ein Sieb mit Passiertuch gießen und noch etwas reduzieren lassen.

▶ Tipp:

Nach dem gleichen Rezept kann man auch eine Enten-, Gänse-, braune Geflügel- und Wildsauce zubereiten.

▶ Enten- und Gänsesauce:

Das Geflügel im Ganzen etwa 2 1/2 Stunden bei etwa 120 °C garen – das Fleisch ist durch, sieht aber noch sehr hell aus. Während des Garens das ablaufende Fett abschöpfen. Keulen und Brüste auslösen und separat kross braten. Aus den übrigen Karkassen wird nach obigem Rezept die Sauce zubereitet. Sie kann mit Orangenschale, Ingwer und Knoblauch, die man zum Schluss kurz einlegt, und dem abgenommenen Fett verfeinert werden.

Zutaten für ca. 700 ml:

1,5 kg Knochen (von Kalb, Reh, Lamm usw.)
1 Zwiebel, 1 Möhre
150 g Knollensellerie
1 TL Puderzucker
1 TL Tomatenmark
300 ml Rotwein
2 1/2 l Kalbsfond (oder leicht gesalzene Geflügelbrühe)
1 Lorbeerblatt
2 ungeschälte Knoblauchzehen
1 TL Pfefferkörner

Info

Diese Grundsauce heißt in der Küchensprache »Kalbsjus«. Je nach Wunsch wird sie am Ende mit ca. 1 EL Speisestärke gebunden. Zusätzlich oder stattdessen kann sie auch weiter reduziert und mit kalter Butter gebunden werden. Für das Aroma am Ende die Gewürze wie Rosmarin, Ingwer oder Zitronenschale darin ziehen lassen.

Mayonnaise

Schmeckt zu:
- Pommes frites, frittiertem Gemüse und Fisch
- Salatmarinaden
- Fingerfood als Dip oder kalte Sauce

Zutaten für ca. 250 g:

2 Eigelb

Salz

1 EL Rotweinessig

einige Tropfen Worcestershire-

sauce

½ TL scharfer Senf

Cayennepfeffer

200 ml Öl

Geschichte

Die Mayonnaise soll 1756 zu Ehren der erfolgreich geschlagenen Schlacht bei Mahón (Menorca) kreiert worden sein, weswegen sie in Spanien Salsa mahonesa heißt. Einer anderen Legende zufolge gab es sie jedoch schon früher und sie war durch einen Zufall entstanden: Ein Ei fiel ins Öl und wurde kräftig damit verrührt.

Zubereitung:

1 Alle Zutaten sollten Zimmertemperatur haben. Eigelb mit 1 Prise Salz verrühren und 1 Minute stehen lassen. Rotweinessig, Worcestershiresauce, Senf und Cayennepfeffer untermischen.

2 Dann in einem dünnen Strahl das Öl hineinrühren, zuerst nur tropfenweise, dann zügiger. Mit Salz und Cayennepfeffer abschmecken. Im Kühlschrank aufbewahren und innerhalb 1 Tages verzehren (Rohei!).

▶ Raffiniert verfeinert:

Der Vorteil von selbst gemachter Mayonnaise ist, dass Essig- und Ölsorten variiert werden können. So kann normales Pflanzenöl durch einen Teil hochwertigen Olivenöls oder ein wenig Nussöl ergänzt und der Rotweinessig mit Himbeeressig oder Zitronensaft getauscht werden.

▶ Remoulade:

4 Sardellenfilets mit 1 EL Kapern und 50 g kleinen Gewürzgurken (Cornichons) klein hacken, mit 2 EL gehackter Petersilie und etwas Estragon unter die Mayonnaise rühren. Mit Salz, Cayennepfeffer und Gurkensud nachwürzen. Für Tatarsauce noch 1 gekochtes, klein gehacktes Ei untermischen.

▶ Aïoli:

Dafür werden etwa 4 Knoblauchzehen klein gehackt und untergerührt.

▶ Cocktailsauce:

2 EL Ketchup mit je 1 cl Cognac und Orangensaft unter die Mayonnaise rühren und mit Salz und Cayennepfeffer abschmecken.

Sauce hollandaise

Schmeckt zu:
- Spargel und anderen Gemüsen
- gedämpftem, pochiertem, gegrilltem Fisch oder Fleisch
- Suppen und Saucen (als Verfeinerung)

Zutaten für ca. 250 g:

1 Schalotte
50 ml Weißwein
1 TL Weißweinessig
5 schwarze Pfefferkörner
125 ml Gemüsebrühe
125 g Butter
3 Eigelb
Salz
Cayennepfeffer
1 Spritzer Zitronensaft

Zubereitung:

1 Die Schalotte schälen und in kleine Würfel schneiden. Mit Weißwein, Essig, Pfefferkörnern und 5 EL Brühe in einem Topf fast vollständig reduzieren, die übrige Brühe hineinrühren und durch ein Sieb gießen.

2 Butter aufschäumen lassen. Eigelb mit der Flüssigkeit in einer runden Schüssel auf dem Wasserbad zu feinem Schaum aufschlagen. Die Temperatur sollte dabei 80 °C nicht überschreiten. Schüssel vom Wasserbad nehmen, warme Butter gleichmäßig erst tropfenweise, dann in dünnem Faden in die Schaummasse rühren. Diese muss dabei die Butter binden. Mit Salz, Cayennepfeffer und Zitronensaft abschmecken.

▶ Raffiniert verfeinert:

Zieht man unter die Hollandaise etwas geschlagene Sahne, kann man sie zum Gratinieren verwenden. Ausgezeichnet schmeckt sie auch, wenn ein Teil der Butter durch gebräunte Butter ersetzt wird oder wenn sie mit 75 ml Weißweinbrühe und 2 EL Balsamicoessig aufgeschlagen wird.

▶ Béarner Sauce (Béarnaise):

Zum Schluss etwas frisch geschnittenen Estragon dazugeben.

▶ Malteser Sauce:

Zu Spargel: Fein geschnittene blanchierte Orangenschale mit Blutorangensaft stark einkochen und unter die fertige Hollandaise ziehen.

▶ Sauce Choron:

Zu gegrilltem oder gebratenem Rindfleisch: Die Hollandaise mit etwas Tomatenpüree vermischen.

Info

Sollte die Hollandaise bei der Zubereitung gerinnen, den Topf sofort in kaltes Wasser stellen und einen Eiswürfel einrühren. Hilft das nicht, 1 Eigelb mit 1 EL Wasser bei schwacher Hitze auf dem Wasserbad nochmals zu Schaum aufschlagen und die geronnene Sauce erst tropfenweise, später zügiger einrühren.

Kokos-Curry-Sauce

Schmeckt zu:
- kurz gebratenem Gemüse oder Fleisch aus dem Wok
- verschiedenen Geflügelarten
- pochiertem oder gebratenem Fisch

Zubereitung:

1 Den Lauch längs halbieren, waschen und quer in Streifen schneiden. Die Zwiebel schälen und in kleine Würfel schneiden.

2 Zwiebelwürfel und Lauch in einem Topf im Öl glasig andünsten. Die Brühe mit der Kokosmilch dazugeben und 10 Minuten leise köcheln lassen.

3 Ananassaft, Curry, Knoblauch, Ingwer, Sahne und Butter hinzufügen und alles im Küchenmixer oder mit dem Stabmixer pürieren. Durch ein grobes Sieb passieren, nach Belieben noch salzen und abschmecken.

▶ Raffiniert verfeinert:

Eine mittelscharfe rote Chilischote von Stielansatz, Kernen und Scheidewänden befreien, in feine Streifen schneiden und unter die Sauce rühren. Das sieht dekorativ aus und die Sauce erhält einen noch pikanteren Geschmack.

▶ Wok-Gemüse-Sauce:

Rote Paprika mit Ananas in Würfel schneiden. Frühlingszwiebeln in Scheiben schneiden und alles mit Sojasprossen und einigen eingeweichten und gekochten Mu-Err-Pilzen in etwas Öl anbraten und in die Kokos-Curry-Sauce rühren. Mit Salz und Cayennepfeffer abgeschmeckt ist das eine klassische Sauce zu asiatischen Gerichten aus dem Wok.

Zutaten für ca. 600 g:

1/2 Stange Lauch (nur den weißen Teil)
1/2 kleine Zwiebel
1 EL Öl
300 ml Gemüsebrühe
100 ml ungesüßte Kokosmilch (aus der Dose)
70 ml Ananassaft
1 EL Currypulver
1/2 gehackte Knoblauchzehe
1 TL gehackter Ingwer
80 g Sahne
30 g kalte Butter
Salz

Hummersauce

Schmeckt zu:
- Meeresfrüchten
- pochiertem und gebratenem Fisch
- Schalen- und Krustentieren

Zutaten für ca. 700 g:

Karkasse von 1 Hummer

1 Selleriestange

50 g Lauch (vom weißen Teil)

1 Möhre

1/2 Zwiebel

2 Tomaten

2 EL Öl

2 cl Cognac

1 TL Tomatenmark

1 TL Tomatenketchup

1 l Gemüsebrühe

(oder Fischfond)

150 g Sahne

1 kleines Lorbeerblatt

2 zerdrückte Wacholderbeeren

1/2 TL schwarze Pfefferkörner

1 Thymianzweig

2 ungeschälte Knoblauchzehen

80 g kalte Butter

Salz

Cayennepfeffer

Zubereitung:

1 Den Ofen auf 170 °C vorheizen. Die Hummerkarkassen sorgfältig säubern, gründlich waschen und abtropfen lassen. Dann mit einem schweren Messer oder einer Geflügelschere grob zerkleinern und im vorgeheizten Ofen etwa 30 Minuten trocknen lassen. Das Gemüse inzwischen schälen, putzen, waschen und zerkleinern.

2 In einem Topf die Karkassen in Öl anschwitzen, mit Cognac ablöschen. Das Gemüse hinzufügen und noch etwas mitdünsten lassen. Tomatenmark und Ketchup hinzufügen und mit Gemüsebrühe auffüllen. Das Ganze ohne Rühren langsam aufkochen und abschäumen. Bei schwacher Hitze etwa 20 Minuten mehr ziehen als köcheln lassen.

3 Die Sahne mit den Gewürzen hinzufügen und weitere 10 Minuten ziehen lassen. Durch ein Sieb gießen, alles gut ausdrücken. Zuletzt die Butter hineinmixen und die Sauce nach Belieben mit Salz und Cayennepfeffer abschmecken.

▶ Raffiniert verfeinert:

Das Trocknen der Karkassen ist wichtig, damit sich das typische Aroma entwickelt. Noch feiner ist die Sauce, wenn sie mit reduziertem, karamellisiertem Weißwein und etwas Estragon abgeschmeckt wird.

▶ Hummeröl:

Die Karkassen ebenfalls im Ofen trocknen, dann mit 1 Thymianzweig, einigen halbierten Knoblauchzehen, 1 Lorbeerblatt und Pfefferkörnern in einen Topf geben, mit Olivenöl bedecken und im Ofen bei 80 °C etwa 45 Minuten durchziehen lassen. Steril abfüllen und aufbewahren. Bei Gebrauch für Salatmarinaden oder Vinaigrettes verwenden.

Béchamelsauce

Schmeckt als:
- Sauce in Lasagne und Cannelloni
- Bindung für Gemüse- oder Pilzkroketten
- Sauce in Aufläufen

Zutaten für ca. 750 g:

75 g Mehl

75 g Butter

1 Lorbeerblatt

5 schwarze Pfefferkörner

³/₄ l kalte Milch

Salz

Cayennepfeffer

frisch geriebene Muskatnuss

Geschichte

Die Béchamelsauce geht angeblich auf einen Koch zurück, der sie im 17. Jahrhundert aus Geflügel, Gemüse, Wein und Sahne zubereitete und dem Marquis de Nointel Louis de Béchamel widmete, dem Hofmeister Ludwigs XIV. Andere Quellen behaupten, der Name komme vom Ausdruck »Becher-Mehl-Sauce«.

Zubereitung:

1 Für die Mehlschwitze das Mehl in einem Topf in der Butter mit einem Lorbeerblatt und den Pfefferkörnern bei milder Hitze sanft andünsten. Die Milch nach und nach hineinrühren und unter weiterem Rühren bei kleiner Hitze etwa 5 Minuten köcheln lassen.

2 Mit Salz, Cayennepfeffer und Muskat abschmecken und durch ein feines Sieb passieren.

▸ Raffiniert verfeinert:

Die Béchamel bekommt mehr Geschmack, wenn man beim Andünsten ein Stück Speck- oder Schinkenschwarte und etwas Zwiebel dazugibt. Man kann auch die Milch vorher mit Gewürzen, wie Lorbeer, Zwiebel, Pfefferkörnern und Gewürznelken, aufkochen und 20 Minuten ziehen lassen. Um Klumpen in der Sauce zu vermeiden, sollte die Mehlschwitze kalt sein, wenn die warme Gewürzmilch hineingerührt wird.

▸ Roux:

Roux ist der französische Ausdruck für Mehlschwitze. Man unterscheidet die weiße (roux blanc), die helle (roux blond) und die dunkle (roux brun) Mehlschwitze, je nachdem, wie lange das Mehl in der zerlassenen Butter »angeschwitzt« wird. Saucen mit Roux zu binden ist eine veraltete Methode, da Mehl die Speisen schwer macht. Bekömmlicher werden sie, wenn man sie mit dem verwendeten Gemüse oder mit etwas in kaltem Wasser angerührter Speisestärke bindet. Man kann auch zum Schluss ein wenig kalte Butter unterrühren. Die Béchamel wird als Grundsauce durch das Verhältnis von Roux und Milch variiert.

Helle Pfeffersauce

Schmeckt zu:
- gebratener Fasan und Wild
- Fleisch
- Nudeln, Reis und Gemüse

Zubereitung:

1 Die Pfefferkörner grob schroten, den feinen Staub absieben und den Schrot in nicht zu heißem Öl kurz anrösten. Auf einem Sieb abtropfen lassen.

2 In einem kleinen Topf den Puderzucker bei mittlerer Hitze hell karamellisieren, mit Cognac ablöschen. Dann mit Brühe auffüllen, die gerösteten Pfefferkörner einlegen, die Sahne angießen und das Ganze 15 bis 20 Minuten einkochen lassen.

3 Die Sauce durch ein Sieb gießen und die kalte Butter in Flöckchen mit dem Knoblauch hineinmixen. Mit Salz, Cayennepfeffer und Muskat abschmecken.

▶ Tipp:

Das Interessante an dieser Sauce ist, dass sie trotz intensiven Pfeffergeschmacks schön hell ist. Durch das Rösten der Pfefferkörner wird ihre Schärfe gemildert und der typische Pfeffergeschmack bekommt eine angenehme Note. Die Sauce ist relativ dünnflüssig, da sie kein Gemüse zur Bindung enthält. Wer sie etwas sämiger möchte, kann mit etwas angerührter Speisestärke leicht binden.

▶ Mit weißen Pfefferkörnern:

Die schwarzen Pfefferkörner können durch weiße ersetzt werden. Die Sauce erhält dadurch ein völlig anderes Aroma.

Zutaten für ca. 250 g:

1 EL schwarze Pfefferkörner

etwas Öl zum Anrösten

1 TL Puderzucker

2 cl Cognac

1/4 l Geflügelbrühe

100 g Sahne

30 g kalte Butter

1 Scheibe Knoblauch

Salz

Cayennepfeffer

frisch geriebene Muskatnuss

Pilzsauce

Schmeckt zu:
- Fleisch
- Wild- und Wildgeflügel
- Knödeln und Teigwaren

Zutaten für ca. 600 g:

1/2 kleine Zwiebel

2 EL Öl

250 ml Gemüsebrühe

1 kleines Lorbeerblatt

2 EL getrocknete Mischpilze,
Egerlinge oder Champignons

250 g frische Pilze
(z. B. Steinpilze, Pfifferlinge
oder Champignons)

1 EL gehackte Petersilie

Salz

Pfeffer aus der Mühle

200 ml Kalbsjus

80 g Sahne

2 EL kalte Butter

1 Prise gemahlener Kümmel

Cayennepfeffer

Zubereitung:

1 Die Zwiebel schälen, in kleine Würfel schneiden und in einem Topf in 1 EL Öl glasig andünsten. Mit Gemüsebrühe auffüllen, das Lorbeerblatt dazugeben und die Zwiebeln weich köcheln lassen. Die Trockenpilze dazugeben und die Sauce 20 Minuten ziehen lassen.

2 Inzwischen die frischen Pilze putzen, dabei möglichst nicht waschen, und klein schneiden. In einer Pfanne im übrigen Öl etwa 2 Minuten anbraten, die Petersilie dazugeben, salzen und pfeffern.

3 Nach 20 Minuten das Lorbeerblatt aus der Brühe nehmen, die Sauce mit dem Stabmixer pürieren und durch ein Sieb passieren. Die Kalbsjus mit der Sahne dazugeben, die Butter einmixen. Die fertige Sauce mit Salz, Kümmel und Cayennepfeffer abschmecken und die gebratenen Pilze darunter mischen.

▶ Tipp:

Die Trockenpilze sollten nicht zu lange in der Grundsauce ziehen und vor allem nicht kochen, damit die Sauce nicht bitter wird.

Eine schnellere Zubereitungsart für Pilzsauce: Einfach eine eingekochte dunkle Grundsauce mit etwas Sahne mischen und gebratene Pilze hineingeben. Der Pilzgeschmack ist dabei allerdings nicht so intensiv.

▶ Cognac-Pfeffer-Sauce:

Die Pilze weglassen, dafür die Zwiebeln mit etwas Cognac ablöschen und 1 TL eingelegte grüne Pfefferkörner dazugeben.

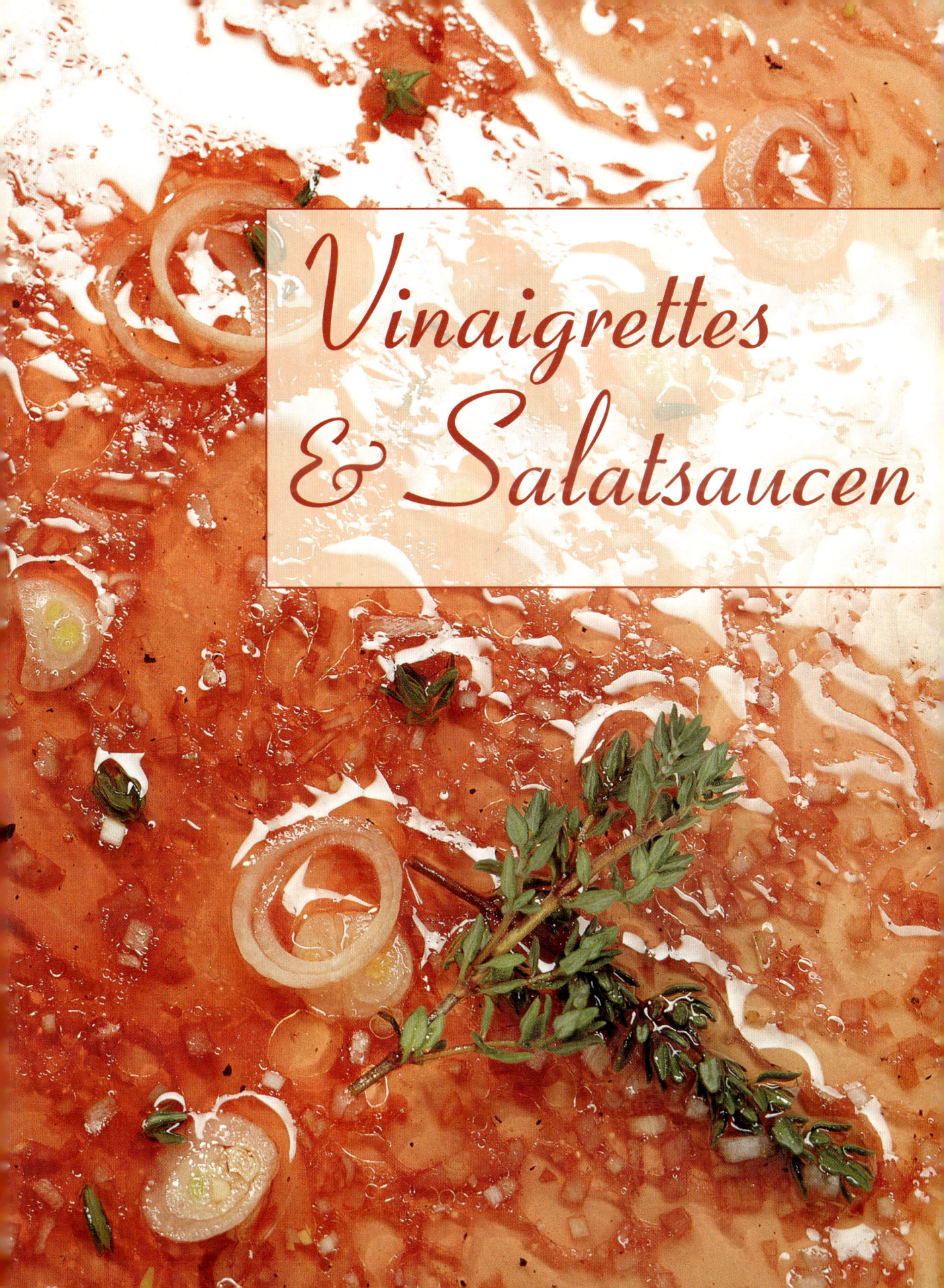

Vinaigrettes & Salatsaucen

French Dressing

Schmeckt zu:
- allen Blatt- und Rohkostsalaten
- Fisch- und Fleischcarpacci
- gebratenem Gemüse und Pilzen

Zutaten für ca. 300 ml:

1 Knoblauchzehe

1 Eigelb

$^1/_2$ TL scharfer Senf

1 EL Weinessig

3 EL Weißwein

Salz

Cayennepfeffer

$^1/_2$ TL Worcestershiresauce

150 ml Maiskeimöl

50 ml Gemüsebrühe

50 g Sahne

Zubereitung:

1 Den Knoblauch schälen und fein hacken.

2 Eigelb, Senf, Essig, Weißwein und Knoblauch mit 1 Prise Salz, Cayennepfeffer und Worcestershiresauce in einen Mixer oder hohen Rührbecher geben. Den Mixer oder Stabmixer bei kleiner Drehzahl einschalten und das Öl in einem feinen Faden hineinlaufen lassen. Zum Schluss Brühe und Sahne unterrühren.

3 Das French Dressing am besten kurz vor dem Servieren nochmals mit dem Stabmixer aufschäumen und dekorativ über das Gericht ziehen. Wegen des rohen Eigelbs innerhalb von 24 Stunden verbrauchen.

▸ Raffiniert verfeinert:

Ein interessantes Aroma bekommt das Dressing, wenn man Kräuterzweige wie Rosmarin, Petersilie oder Basilikum einen Tag lang darin ziehen lässt.

▸ Thousand-Island-Dressing:

$^1/_2$ rote Paprikaschote putzen, waschen und in kleine Würfel schneiden. Mit etwas Tomatenketchup unter das fertige French Dressing ziehen. Passt zu knackigen Salaten und Meeresfrüchten.

▸ Mit Gemüsewürfeln:

In das fertige French Dressing kann man noch andere in Würfel geschnittene Gemüse wie Schalotten, Tomaten oder Gurken geben.

Kartoffel-Joghurt-Dressing

Schmeckt zu:
- Gemüsesalaten
- gebratenem Fisch, Geflügel oder Meeresfrüchten
- Blattsalaten

Zubereitung:

1 Die Chilischote längs halbieren, die Kerne entfernen und waschen.

2 Die Kartoffelhälfte schälen, in Würfel schneiden und in der Brühe mit Lorbeer und Chili weich kochen. Dabei mehr ziehen als kochen lassen, damit die Flüssigkeit nicht zu stark einkocht.

3 Das Lorbeerblatt entfernen, Kartoffeln, Chili und Brühe mit Knoblauch, Zitronensaft, Olivenöl und Joghurt im Mixer oder mit dem Stabmixer pürieren. Mit Salz, Muskat und Kümmel abschmecken.

▶ Raffiniert verfeinert:

Wenn man statt des Olivenöls gebräunte Butter in das Dressing gibt, erhält es eine nussige Note. In diesem Fall das Dressing nicht kühlen, damit die Butter darin geschmeidig bleibt und ihren typischen Geschmack behält.

▶ Kartoffel-Rouille:

Mixt man mit den anderen Zutaten noch ein paar Safranfäden, etwas scharfen Senf und $1/4$ gegrillte, geschälte und in Würfel geschnittene rote Paprikaschote darunter, so erhält das Dressing den Geschmack einer französischen Rouille. Da sie noch streichfähig sein soll, braucht man hierbei weniger Gemüsebrühe. Rouille wird in der Provence typischerweise auf geröstetem Weißbrot zu Fischsuppe gegessen.

Zutaten für ca. 250 g:

1 mittelscharfe rote Chilischote

$1/2$ Kartoffel (ca. 60 g)

300 ml Gemüsebrühe

$1/2$ kleines Lorbeerblatt

$1/2$ kleine Knoblauchzehe

1 EL Zitronensaft

3 EL Olivenöl

50 g Joghurt

Salz

frisch geriebene Muskatnuss

1 Prise gemahlener Kümmel

Blue-Cheese-Dressing

Schmeckt zu:
- einem kleinen Salat zu saftigem Zwiebelkuchen
- Salaten mit Bitterstoffen und Rohkostsalaten
- karamellisierten Äpfeln, Birnen und Nüssen

Zutaten für ca. 250 g:

*60 g kräftiger Blauschimmel-
käse (z.B. Roquefort)*
125 ml Gemüsebrühe
2 EL Rotweinessig
50 g Crème fraîche
2 EL Walnussöl
Salz
Cayennepfeffer
1 Prise gemahlener Kümmel
1/2 TL Honig

Info

Je kräftiger der Edelschimmel-
käse im Aroma ist, umso intensiver schmeckt auch das Dressing. Wem der Geschmack von
Roquefort, Fourme d'Ambert
und ähnlichen Käsesorten zu
stark ist, nimmt besser einen
jungen Gorgonzola, Bleu de
Bresse oder andere sanfte, cre-
mige Sorten.

Zubereitung:

1 Den Blauschimmelkäse in grobe Stücke zerkleinern.

2 Im Mixer oder mit dem Stabmixer den Käse mit Brühe, Essig, Crème fraîche und Öl pürieren. Mit Salz, Cayennepfeffer, Kümmel und Honig abschmecken.

▸ Raffiniert verfeinert:

Statt Walnussöl passt auch Sonnenblumenöl gut zu diesem Dressing.

▸ Mit karamellisierten Birnenwürfeln:

Zu diesem Dressing passen hervorragend karamellisierte Birnenwürfel: Dafür 1/4 reife, nicht zu weiche Birne schälen, entkernen und in kleine Würfel schneiden. In einer Pfanne bei milder Hitze 1 TL Puderzucker karamellisieren, die Birnenwürfel hineingeben und etwas darin schwenken. Zum Schluss in das Dressing rühren.

▸ Parmesan-Dressing:

Statt Blauschimmelkäse, Honig und Kümmel 3 EL frisch geriebenen Parmesan und etwas gebräunte Butter in das Dressing rühren. Mit einem Hauch frisch geriebener Muskatnuss abschmecken und damit beispielsweise einen Rucolasalat marinieren, der zu Parmaschinken und toskanischem Brot serviert wird. Das Parmesandressing möglichst frisch verwenden und nicht kühlen, damit die Butter nicht ausflockt.

Tomaten-Vinaigrette

Schmeckt zu:
- mediterranen Salaten
- verschiedenen Carpacci
- Wurstsalat, Presssack und Sülzen

Zutaten für ca. 350 g:

1 Schalotte

2 vollreife Tomaten

100 ml Tomatensaft

50 ml Gemüsebrühe

2 EL Rotweinessig

4 EL Olivenöl

$1/2$ gehackte Knoblauchzehe

Salz

Pfeffer aus der Mühle

1 Prise Zucker

1 kleine Prise Zimtpulver

1 EL geschnittenes Basilikum

Zubereitung:

1 Die Schalotte schälen und in feine Würfel schneiden. Die Tomaten überbrühen, häuten, vierteln und ebenfalls in kleine Würfel schneiden.

2 Den Tomatensaft mit Brühe und Essig verrühren und das Olivenöl darunter schlagen. Schalotten- und Tomatenwürfel mit dem Knoblauch dazugeben. Die Vinaigrette mit Salz, Pfeffer, Zucker und Zimt abschmecken. Kurz vor dem Servieren das Basilikum einrühren.

▶ Raffiniert verfeinert:

Ein noch intensiveres Aroma erhalten die Tomatenwürfel, wenn man sie zuvor im Ofen etwas trocknet: Dafür den Ofen auf 80 °C vorheizen. Die Tomatenwürfel in eine Auflaufform geben, mit dem Olivenöl für das Dressing beträufeln, etwas salzen und pfeffern und einige Knoblauchscheiben dazwischen legen. Im Ofen etwa 45 Minuten trocknen lassen und mit dem Olivenöl für das Dressing verwenden.

▶ Klares Tomaten-Dressing:

350 g vollreife Tomaten waschen, Stielansätze entfernen und im Mixer pürieren. In ein geruchsfreies Küchentuch geben, dieses oben zusammenbinden und über Nacht über einer Schüssel im Kühlschrank abtropfen lassen. Aus dem abgelaufenen Tomatensaft ein Dressing herstellen, das zurückbleibenden Tomatenmark kann man noch für eine Tomatensauce verwenden.

Spargel-Vinaigrette

Schmeckt zu:
- Fisch und Meeresfrüchten
- kaltem Braten und Schinken
- Kaninchen

Zubereitung:

1 Den Spargel schälen und die holzigen Enden entfernen. Die Spargelstangen längs halbieren und schräg in etwa 1 cm breite Stücke schneiden.

2 In einer Pfanne in 1 EL Öl bei milder Hitze die Spargelstücke glasig andünsten, die Brühe hinzufügen und den Spargel darin bei schwacher Hitze in wenigen Minuten bissfest durchziehen lassen.

3 Den Sud durch ein Sieb gießen und mit Essig, restlichem Öl, Salz, Pfeffer und dem Zucker aufmixen. Die Sauce zu den Spargelstücken zurückgeben, Schalottenwürfel und Estragon einrühren.

▶ Raffiniert verfeinert:

Für einen kräftigeren Spargelgeschmack die Spargelschalen – sofern sie nicht bitter sind – in der Brühe einmal aufkochen und dann 20 Minuten darin ziehen lassen. Den Sud abseihen und in die Vinaigrette rühren. In diesem Fall benötigt man etwas mehr Brühe, da ein Teil verdampft und in den Spargelschalen zurückbleibt.

▶ Mit grünem Spargel:

Sehr dekorativ ist es, wenn ein Teil der weißen Spargelstangen durch grünen Spargel ersetzt wird. Den grünen Spargel nur waschen und im unteren Drittel schälen. Den Essig dafür durch die gleiche Menge Zitronensaft ersetzen, damit die leuchtend grüne Farbe erhalten bleibt.

Zutaten für ca. 400 g:

6 Stangen weißer Spargel

3 EL Olivenöl

200 ml Gemüsebrühe

1 EL Weißweinessig

Salz

Pfeffer aus der Mühle

1 Prise Zucker

1 EL blanchierte Schalottenwürfel

1 TL geschnittener Estragon

Bouillabaisse-Vinaigrette

Schmeckt zu:
- pochiertem, gebratenem und gegrilltem Fisch und Meeresfrüchten
- Nudelsalat als Marinade
- gebratenem Gemüse

Zutaten für ca. 450 g:

80 g Fenchel

1 dünne Selleriestange

1/2 rote Zwiebel

1 Tomate

4 EL Olivenöl

1 Msp Tomatenmark

3 EL Weißwein

1 EL Weißweinessig

1/4 l Gemüsebrühe (oder Fischfond)

einige Safranfäden

1/2 kleine gehackte Knoblauchzehe

1/2 TL Anislikör (Pernod)

Salz

Cayennepfeffer

1 Thymianzweig

Zubereitung:

1 Fenchel und Sellerie putzen, waschen und in kleine Würfel schneiden. Die Zwiebel schälen. Die Tomate überbrühen, enthäuten, vierteln und entkernen, mit der Zwiebel in Würfel schneiden.

2 In einem kleinen Topf in 1 EL Olivenöl bei milder Hitze die Fenchel-, Sellerie- und Zwiebelwürfel glasig andünsten. Das Tomatenmark einrühren und etwas mitdünsten lassen. Mit Weißwein und Weißweinessig ablöschen, mit der Brühe auffüllen und 10 Minuten knapp unter dem Siedepunkt ziehen lassen.

3 Die Tomaten mit Safran, Knoblauch, Pernod und dem übrigen Olivenöl hineinrühren und mit Salz und Cayennepfeffer würzen. Den Thymianzweig noch einige Minuten darin ziehen lassen und wieder entfernen.

▸ Raffiniert verfeinert:

▸ Mit Kartoffeln als Einlage:

1 Kartoffel in etwa 1 cm große Würfel schneiden, in Salzwasser blanchieren und mit 1 EL Crème fraîche zu den Gemüsewürfeln in die Vinaigrette geben. Die flüssigen Zutaten und die Gewürze für die Vinaigrette sollten dabei verdoppelt werden.

▸ Mit Muscheln und Meeresfrüchten:

Muschelfleisch aus dem Glas und gegarte Meeresfrüchte in die Vinaigrette geben. Die flüssigen Zutaten und die Gewürze für die Vinaigrette dabei verdoppeln.

Kräuter-Vinaigrette

Schmeckt zu:
- pochierten und gekochten Eiern
- Pilzen und jungem Gemüse
- Fleisch und Fisch

Zutaten für ca. 250 g:

1 Schalotte

125 ml Gemüsebrühe

2 EL Rotweinessig

1 Msp gehackter Knoblauch

1 Msp scharfer Senf

3 EL Olivenöl

Salz

Pfeffer aus der Mühle

1 Prise Zucker

je 1 EL geschnittene Petersilie,
Basilikum und Kerbel

Info

Eine klassische Vinaigrette besteht aus 1 Teil Essig und 2 bis 3 Teilen Öl, dadurch entsteht eine sämige Bindung. Ich halte meine Vinaigrettes lieber etwas schlanker, indem ich 1 Teil des Öls durch würzige Brühe ersetze. Dann bindet die Vinaigrette zwar nicht, schmeckt aber runder und voller und vermischt sich gleichmäßiger.

Zubereitung:

1 Die Schalotte schälen und in feine Würfel schneiden.

2 Brühe, Essig, Schalotten, Knoblauch, Senf und Olivenöl wie im Grundrezept beschrieben verrühren und mit Salz, Pfeffer und Zucker abschmecken.

3 Zum Schluss die Kräuter untermischen.

▶ Raffiniert verfeinert:

Kleine Würfel von enthäuteten Tomaten und etwas Estragon geben der Vinaigrette noch ein paar Farbtupfer.

▶ Bärlauch-Vinaigrette:

Einige junge Bärlauchblätter von den Stielen zupfen, waschen und abtropfen lassen. Die Blätter in feine Streifen schneiden und statt der gemischten Kräuter in die Vinaigrette geben. Falls der Bärlauch noch sehr jung ist und nur ein schwaches Knoblaucharoma besitzt, kann man noch etwas gehackten Knoblauch dazugeben.

▶ Vinaigrette mit Pesto:

Aromatisch-würzig wird die Vinaigrette, wenn man den Essig durch Zitronensaft ersetzt und am Schluss statt der frischen Kräuter etwas Pesto einrührt.

Orangen-Vinaigrette

Schmeckt zu:
- sanft gebratenen Fasanenbruststreifen
- hauchdünn geschnittenen Fenchelscheiben
- gebratenem Kaninchenrücken

Zubereitung:

1 Die Orangen mit einem scharfen Messer so schälen, dass die weiße Haut entfernt ist. Die Orangenfilets herausschneiden und halbieren. Den Saft aus den Orangenresten auspressen und zu den Filets geben.

2 In einem Topf den Puderzucker bei kleiner Hitze hell karamellisieren, mit weißem Portwein ablöschen und auf die Hälfte reduzieren lassen.

3 Vom Herd nehmen, Brühe, Essig und Öl hineinrühren, Zimt, Rosmarin und Orangenschale einlegen und ein paar Minuten darin ziehen lassen. Die Gewürze wieder entfernen, mit Salz, Pfeffer und Kardamom abschmecken und die Orangenfilets mit den Pistazien hineingeben.

▸ Raffiniert verfeinert:

Für ein schönes Farbspiel kann man auch Blutorangenfilets oder Granatapfelkerne dazugeben.

▸ Orangen-Basilikum-Vinaigrette:

Anstelle des Rosmarinzweigs zum Schluss frisch geschnittene Basilikumblätter unter die Vinaigrette rühren.

▸ Orangen-Sherry-Vinaigrette:

1 Frühlingszwiebel putzen und in Scheiben schneiden, kurz in 1 EL Öl anschwitzen und mit Sherry ablöschen. Dann die übrigen Zutaten dazugeben und anstelle von Rosmarin mit Thymian würzen.

Zutaten für ca. 250 g:

2 Orangen

1 TL Puderzucker

70 ml weißer Portwein

100 ml Gemüsebrühe

2 EL Weißweinessig

2 EL Olivenöl

2 cm Zimtstange

1/2 Knoblauchzehe

1 kleiner Rosmarinzweig

1 Streifen unbehandelte Orangenschale

Salz

Pfeffer aus der Mühle

1 Prise gemahlener Kardamom

1 EL gehackte Pistazien

Thai-Vinaigrette

Schmeckt zu:
- Glasnudeln oder gebratenem Tofu
- blanchiertem Lauch für Fisch- oder Geflügelgerichte
- gebratenen Riesengarnelen

Zutaten für ca. 250 ml:

1 EL Sesam

1 Knoblauchzehe

1 Scheibe frischer Ingwer

1 Stück Zitronengras (5 cm)

5 Stängel Koriandergrün

2 EL thailändische Fischsauce

1 EL Sojasauce

5 EL Reisweinessig

3 EL Reiswein

70 ml Gemüsebrühe

8 EL Erdnussöl

Cayennepfeffer

Info

Zitronengras wuchs einst wild in den tropischen Regionen Südindiens und Sri Lankas. Heute wird es auf Plantagen in Asien, Westindien und Brasilien angebaut. Die dicken Stängel eignen sich gut als Spieße und enthalten ätherische Öle mit zitronenartigem Duft und Geschmack.

Zubereitung:

1 Den Sesam in einer Pfanne ohne Fettzugabe hell rösten.

2 Knoblauchzehe und eine dünne Scheibe Ingwer schälen und mit dem Zitronengras fein hacken. Die Korianderblätter von den Stielen zupfen, waschen und klein schneiden.

3 Alle Zutaten in einer Schüssel verrühren und mit Cayennepfeffer abschmecken. Die Vinaigrette 30 Minuten durchziehen lassen.

▶ Raffiniert verfeinert:

Frischer schmeckt die Thai-Vinaigrette, wenn man zusätzlich noch frisch geschnittene Frühlingszwiebeln untermischt.

▶ Mit Thaispargel:

Etwa 70 g Thaispargel (dünne grüne Spargelstangen) in 1 bis 2 cm lange Stücke schneiden, in Salzwasser blanchieren, in kaltem Wasser abschrecken und in das Dressing rühren.

▶ Mit Mu-Err-Pilzen:

2 EL Mu-Err-Pilze in Salzwasser blanchieren, klein schneiden und unter die Vinaigrette rühren.

Balsamico-Vinaigrette

Schmeckt zu:
- lauwarmen Kalbs- oder Schweinebratenscheiben
- schnittfestem, weichem Frischkäse (z.B. Robiola)
- Blattsalaten und gebratenem Gemüse

Zutaten für ca. 250 g:

1/8 Granatapfel

100 ml Gemüsebrühe

3 EL Balsamicoessig

4 EL Olivenöl

Salz

Pfeffer aus der Mühle

1 Prise Zucker

2 EL Rosinen

2 EL Kapern

Geschichte

Ein ähnliches Rezept wie diese Balsamico-Vinaigrette mit Kapern, Rosinen und Granatapfelkernen wird bereits in einem sizilianischen Kochbuch aus dem Jahr 1651 erwähnt.

Zubereitung:

1 Die Granatapfelkerne vorsichtig herauslösen. Noch anhaftende Trennhäute dabei entfernen.

2 Die Brühe mit Balsamicoessig verrühren und das Olivenöl langsam unter Rühren hinzufügen. Die Vinaigrette mit Salz, Pfeffer und Zucker würzen. Rosinen, Kapern und Granatapfelkerne dazugeben.

▸ Raffiniert verfeinert:

Die Rosinen kann man vorher noch in Marsala oder einen anderen Süßwein einlegen und so den Geschmack variieren. Statt Granatapfelkernen kann man auch kleine Apfelwürfel nehmen, ein Tropfen Honig rundet das Aroma der Vinaigrette ab.

▸ Mit jungem Knoblauch:

In einer Pfanne 1 TL Puderzucker karamellisieren, mit 4 EL Balsamico ablöschen und vom Herd nehmen. 75 ml Kalbsfond, 70 ml Gemüsebrühe, 4 EL Olivenöl, Salz, Pfeffer und Zucker hinzufügen. 1/2 Knolle jungen Knoblauch schälen und klein schneiden, in einer Pfanne in 1 EL Öl anbraten und in die Vinaigrette geben.

▸ Mit Röstzwiebeln:

Statt mit jungem Knoblauch kann man diese Vinaigrette auch mit frisch gerösteten Zwiebeln verfeinern. Dafür statt des Knoblauchs 1/2 Zwiebel mit 1 Prise Zucker in Öl sanft bräunen und in die Vinaigrette geben. Wer nur den Zwiebelgeschmack mag, aber nicht gerne auf die Zwiebeln beißt, lässt die Zwiebeln etwas ziehen und passiert sie dann. Dazu passt gut etwas Nuss- oder Mandelöl.

Rotweinbeize

Schmeckt zu:
- Rind
- Wild
- Lamm

Zubereitung:

1 Piment, Pfefferkörner, Sternanis, Zimtstange, leicht angedrückte Wacholderbeeren und Lorbeer in einem Topf etwas anrösten. Mit Rotwein aufgießen, den Zucker und das Wurzelgemüse dazugeben und die Marinade 5 Minuten leise köcheln, dann abkühlen lassen.

2 Die zu marinierenden Fleischteile so in die Marinade einlegen, dass alles gut bedeckt ist, ein paarmal wenden. Je nach Größe 2 bis 5 Tage darin ziehen lassen, kleine Stücke marinieren schneller als ganze Braten. Dazu möglichst keine Metallgefäße – außer Edelstahl – verwenden, da die in der Marinade enthaltene Säure Metalle lösen kann.

▶ Tipp:

Nach dem gleichen Rezept kann auch eine Weißweinmarinade für Geflügel oder andere helle Fleischsorten hergestellt werden. Weinbeizen werden meist aufgekocht, dadurch verstärkt sich das Aroma der Gewürze und geht intensiver auf das Fleisch über.

▶ Kalte Marinaden:

Für kalte Marinaden eignen sich am besten Joghurt oder Buttermilch. Die aktiven Enzyme in diesen Sauermilchprodukten wirken als Zartmacher. Alle Zutaten wie z.B. Zitronensaft, Olivenöl, Lorbeerblatt, Chilischoten, Zitrusschalen und Wacholder werden einfach miteinander vermischt und über das Fleisch gegeben.

▶ Grillmarinaden:

Marinaden für Grillfleisch sollten zu einem Großteil aus Öl bestehen. Gewürze und Kräuter geben den Geschmack.

Zutaten für ca. 500 ml:

1/2 TL Pimentkörner

1/2 TL schwarze Pfefferkörner

1 ganzer Sternanis

1 cm Zimtstange

5 Wacholderbeeren

1 Lorbeerblatt

500 ml Rotwein

1 EL Zucker

120 g grob gewürfelter Knollensellerie

70 g grob geschnittene Möhren

150 g gewürfelte Zwiebeln

Geschichte

Das Beizen von Fleisch war vor allem früher wichtig, als es noch keine effizienten Kühlmöglichkeiten gab. Durch die Säure konservierte man damals das Fleisch. Heute dient das Beizen hauptsächlich dem Geschmack und das Fleisch von älteren Tieren wird dadurch etwas zarter.

Portwein-Trüffel-Vinaigrette

Schmeckt zu:
- geschmorten Kalbshaxenscheiben mit Schwarzwurzeln
- Bohnensalat mit Artischocken und Tauben
- Feldsalat mit gebratenen Rehmedaillons

Zutaten für ca. 250 g:

1 kleiner schwarzer Trüffel
(40 g)
2 TL Puderzucker
125 ml roter Portwein
125 ml Gemüsebrühe
2 EL Rotweinessig
3 EL Balsamicoessig
4 EL Olivenöl
Salz
Pfeffer aus der Mühle

Zubereitung:

1 Den Trüffel mit einer kleinen Küchenbürste unter fließendem kaltem Wasser gründlich säubern.

2 In einem kleinen Topf den Puderzucker hell karamellisieren lassen, mit Portwein ablöschen und auf ein Drittel reduzieren. Mit der Brühe auffüllen.

3 Den Topf vom Herd nehmen, Essig und Olivenöl hineinrühren. Mit Salz und Pfeffer würzen und den Trüffel mit einem Trüffelhobel hineinhobeln.

▸ Raffiniert verfeinert:

Statt des Olivenöls Sonnenblumenöl und ein wenig Nussöl verwenden, Nussöl passt zu schwarzen Trüffeln ausgezeichnet.

▸ Schwarzes Trüffel-Sahne-Dressing:

150 g Crème fraîche mit 50 g Sahne glatt rühren, 2 EL roter Portwein, 2 EL Rotwein und 1 TL Cognac in einem kleinen Topf auf die Hälfte einkochen lassen. Mit 1 EL Trüffeljus (aus der Dose) und 1 TL Nussöl in die Crème fraîche rühren. Etwas eingelegten schwarzen Trüffel fein hacken, dazugeben und mit Salz und Pfeffer würzen. Falls noch etwas Säure fehlt, mit einem milden Essig nachwürzen.

Info

Trüffeln erhält man frisch am besten im November in Feinkostläden. In der Dose, als Essenz und Öl gibt es sie das ganze Jahr über. Sie halten sich am besten in Küchenpapier gewickelt und vakuumverpackt. Trüffeln möglichst frisch verwenden, denn mit der Zeit geht ihr intensives Aroma verloren.

Gemüse-Saucen

Weiße Petersiliensauce

Schmeckt zu:
- gebratenem Fisch, Fleisch und Geflügel
- gekochtem Kalb, Rind und Lamm
- Nudeln mit gebratenen Pilzen

Zutaten für ca. 600 g:

150 g Petersilienwurzeln

1/2 Zwiebel

1 EL Öl

400 ml Gemüsebrühe

100 g Sahne

50 g kalte Butter

1 Msp gehackter Knoblauch

Cayennepfeffer

frisch geriebene Muskatnuss

Zubereitung:

1 Die Petersilienwurzeln und die Zwiebel schälen und in kleine Würfel schneiden. In einem Topf bei milder Hitze im Öl glasig dünsten, mit Brühe auffüllen und die Gemüsewürfel in etwa 20 Minuten bei schwacher Hitze weich kochen.

2 Die Sahne hinzufügen und die Sauce mit dem Stabmixer pürieren. Zuletzt die Butter mit Knoblauch und Cayennepfeffer hineinmixen und einen Hauch Muskat darüber reiben.

▶ Tipp:

Diese Petersiliensauce schmeckt nicht so sehr nach dem gewohnten Petersilienkraut, sondern eher mild und süßlich. Sie hat ein weihnachtlich-würziges Aroma, weshalb sie auch einen Spritzer Trüffelöl gut vertragen würde.

▶ Weiße Petersilienkrautsauce:

Die Blätter von einem Bund Petersilie abzupfen, waschen und mit den Stielen für 5 bis 10 Minuten in die weiße Rahmsauce einlegen, dann abseihen. Die Sauce sollte dabei nicht kochen, sondern nur ziehen. Ein kleines Stück unbehandelte Zitronenschale, das man ebenfalls kurz darin ziehen lässt, gibt der Sauce zusätzliche Frische.

▶ Weiße Petersiliensauce mit Curry:

1 EL Currypulver mit der Butter, den übrigen Gewürzen und einem geschälten Apfelschnitz in die Sauce mixen, nochmals kurz aufkochen lassen.

Geräucherte Selleriesauce

Schmeckt zu:
- Eiergerichten
- Süßwasser- und Meeresfischen
- Krustentieren

Zubereitung:

1 Den Sellerie schälen und in kleine Würfel schneiden.

2 Die Brühe aufkochen, die Selleriewürfel darin etwa 30 Minuten bei kleiner Hitze weich köcheln. Die Sahne hinzufügen und alles im Mixer pürieren.

3 Die Räucherfischhaut in die Sauce legen und einige Minuten darin ziehen lassen. Wieder herausnehmen, die Butter darunter mixen und mit Salz, Pfeffer und Cayennepfeffer würzen.

▸ Tipp:

Das Räucherfischfilet kann anderweitig verwertet werden, z. B. als Vorspeise oder Brotzeit mit Meerrettichsahne und Salat.

▸ Getrüffelte Selleriesauce:

Die Selleriesauce wie im Rezept beschrieben zubereiten, jedoch die Räucherfischhaut weglassen. In einem kleinen Töpfchen 2 EL alten Madeira mit 1 EL gehacktem schwarzem Trüffel etwas einköcheln lassen und in die Selleriesauce geben. Diese Sauce passt gut zu gebratener Taube mit feinen grünen Bohnen.

▸ Sellerie-Kartoffel-Sauce:

Die Knollenselleriemenge auf 100 g reduzieren und dafür 50 g Kartoffeln dazugeben. Zum Schluss etwas mehr Flüssigkeit dazugeben. Die Räucherfischhaut weglassen, sie kann durch kross gebratene Speck- oder Schinkenwürfel ersetzt und die Sauce mit Rosmarin und Knoblauch abgeschmeckt werden.

Zutaten für ca. 600 g:

150 g Knollensellerie

400 ml Gemüsebrühe

80 g Sahne

Haut von 1 Räucherfischfilet

2 EL kalte Butter

Salz

Pfeffer aus der Mühle

Cayennepfeffer

Süßsaure Wurzelsauce

Schmeckt zu:
- Fisch, Krebsschwänzen oder Muscheln
- Geflügel
- Fleisch und Bratwürsten

Zutaten für ca. 750 g:

1 kleine Möhre (60 g)

80 g Knollensellerie

1/2 mittelgroße Zwiebel

80 g Lauch (nur den weißen Teil)

400 ml Gemüsebrühe

1 EL Weißweinessig

1 TL Zucker

80 g Sahne

2 EL kalte Butter

Salz

Cayennepfeffer

Zubereitung:

1 Die Möhre, den Knollensellerie und die Zwiebelhälfte schälen. Den Lauch putzen, längs halbieren, waschen und klein schneiden.

2 Die Gemüsebrühe in einem kleinen Topf aufkochen, das Gemüse darin etwa 20 Minuten weich köcheln, den Lauch erst später dazugeben.

3 Weißweinessig, Zucker und Sahne hinzufügen und alles mit dem Stabmixer pürieren. Die Butter hineinmixen und die Sauce mit Salz und Cayennepfeffer herzhaft abschmecken.

▶ Raffiniert verfeinert:

Die Sauce bekommt eine interessante Note, wenn man einen geschälten und entkernten säuerlichen Apfelschnitz mit dem Gemüse mitdünstet und 1 EL Sahnemeerrettich (aus dem Glas) hineinmixt.

Den Essig erst nach dem Garen des Gemüses hinzufügen, da er die Garzeiten verlängert und der Lauch so seine frische Farbe verlieren würde.

▶ Süßsaurer Wurzelsud:

Je 80 g Zwiebel-, Knollensellerie- und Möhrenstreifen in einem Topf in etwas Öl glasig anschwitzen, mit 1/2 l Gemüsebrühe auffüllen. In einem Mulltuch 2 angedrückte Wacholderbeeren, 5 Pimentkörner, 5 schwarze Pfefferkörner und 1 Lorbeerblatt dazugeben und die Gemüsestreifen in etwa 10 Minuten bissfest köcheln. Nach 5 Minuten 80 g Lauchstreifen dazugeben, mit 2 bis 3 EL Rotweinessig, 1 EL Zucker und Salz abschmecken. Den Sud durch ein Sieb abgießen und mit 50 g kalter Butter aufschäumen. Mit den Gemüsestreifen servieren.

Ratatouille-Sauce

Schmeckt zu:
- Lamm, Kaninchen und Geflügel
- Scampi
- gebratenem und gedämpftem Meeresfisch

Zutaten für ca. 400 g:

je 1 rote und gelbe
Paprikaschote
1 Zwiebel
1 kleiner Zucchino (150 g)
150 g Schältomaten
(aus der Dose)
2 EL Olivenöl
1 TL Tomatenmark
350 ml Gemüsebrühe
1 gehackte Knoblauchzehe
Salz
Cayennepfeffer
1 Rosmarinzweig

Info

Ratatouille ist ein französischer Gemüseeintopf, in dem man so gut wie alle Gemüse finden kann, die im Süden des Landes wachsen: Auberginen, Zucchini, Tomaten, Paprika, Zwiebeln sowie Knoblauch. Und Rosmarin vollendet den typischen Geschmack nach sonnenverwöhnter Provence-Küche.

Zubereitung:

1 Die Paprikaschoten waschen, Stielansatz und Kerne entfernen und in etwa 1 cm große Würfel schneiden. Die Zwiebel schälen und in ebenso große Stücke schneiden. Vom Zucchino die Enden entfernen, längs vierteln und in Scheiben schneiden. Die Schältomaten klein schneiden.

2 In einem Topf bei milder Hitze in 1 EL Öl die Hälfte der Zwiebeln mit der Hälfte der Paprikaschoten glasig andünsten. Das Tomatenmark hineinrühren, die Schältomaten hinzufügen, die Brühe angießen und etwa 20 Minuten leise köcheln lassen. Das Ganze mit dem Stabmixer kräftig pürieren und durch ein grobes Sieb passieren. Den Knoblauch dazugeben, mit Salz und Cayennepfeffer würzen, den Rosmarinzweig einige Minuten darin ziehen lassen und wieder entfernen.

3 Das übrige Gemüse in einer Pfanne in 1 EL Olivenöl glasig andünsten, in die Sauce geben und darin noch einige Minuten ziehen lassen. Gegebenenfalls mit etwas Olivenöl und den Gewürzen abschmecken.

▶ Tipp:

Das Gemüse muss zum Pürieren weich sein, damit es der Sauce eine optimale Bindung verleiht – daher lieber zu lange als zu kurz garen und darauf achten, dass nicht zu viel Flüssigkeit verdampft!

▶ Ratatouille-Sauce mit Sardellen und Kapern:

Die Grundsauce mit 1 EL in Streifen geschnittenen Sardellenfilets und 1 EL kleinen Kapern verfeinern.

Tomaten-Möhren-Sauce

Schmeckt zu:
- Spaghetti und anderen Nudelsorten
- in Eihülle gebackenen Kalbsschnitzeln
- Aufläufen wie Lasagne oder Cannelloni

Zubereitung:

1 Die Zwiebel schälen, halbieren und in kleine Würfel schneiden. Die Tomaten waschen, Stielansätze entfernen und achteln. Die Möhren schälen und klein schneiden.

2 In einem Topf das Olivenöl mild erhitzen und die Zwiebeln darin glasig dünsten. Möhren und Tomaten dazugeben und etwas mitdünsten lassen. Mit der Gemüsebrühe auffüllen und etwa 1 Stunde kaum merklich köcheln lassen. Dabei gelegentlich umrühren.

3 Nach 45 Minuten das Lorbeerblatt einlegen. Kurz vor Ende der Garzeit mit Salz, Cayennepfeffer, Zucker, Piment, Zimt und Kardamom würzen und die Basilikumstiele einlegen. Zum Servieren Basilikum und Lorbeer wieder entfernen, die gehackte Knoblauchzehe hinzufügen und die Sauce durch ein grobes Sieb oder die Flotte Lotte passieren.

▶ Tipp:

Die Tomaten sollten richtig reif sein, damit sie der Sauce eine natürliche, sämige Bindung verleihen können. Wer keine vollreifen Tomaten bekommt, kann die Sauce mit etwas Speisestärke nachträglich binden oder verwendet sonnengereifte, geschälte Tomaten aus der Dose.

▶ Tomatensugo als Pizzabasis:

Die Tomaten-Karotten-Sauce mit geschälten Tomaten aus der Dose zubereiten. Die Flüssigkeit auf 225 ml reduzieren, damit der Sugo schön dick ist und nicht vom Teig läuft. Zusätzlich 1 klein gehackte Knoblauchzehe und 1 TL Oregano dazugeben. Abkühlen lassen, etwas Olivenöl unterrühren und mit Salz und Cayennepfeffer kräftig abschmecken.

Zutaten für ca. 500 g:

1 große Zwiebel

1,3 kg vollreife Tomaten

2 Möhren

2 EL Olivenöl

350 ml Gemüsebrühe

1 kleines Lorbeerblatt

Salz

Cayennepfeffer

1 kräftige Prise Zucker

1 Prise Pimentpulver

1 Prise Zimtpulver

1 Prise gemahlener Kardamom

3 Basilikumstiele

1 gehackte Knoblauchzehe

Spinat-Kokos-Sauce

Schmeckt zu:
- Eiergerichten, wie z.B. pochierten Eiern
- gebratener Poulardenbrust
- pochiertem Fisch

Zutaten für ca. 700 g:

400 g Wurzelspinat

Salz

1/2 Zwiebel

1 EL Öl

400 ml Gemüsebrühe

80 g Sahne

1/2 gehackte Knoblauchzehe

2 EL kalte Butter

Cayennepfeffer

frisch geriebene Muskatnuss

2 EL Kokosflocken oder

Kokoschips

Info

Bei Blatt- und Wurzelspinat handelt es sich um ein und dieselbe Pflanze. Der Unterschied liegt lediglich im Erntezeitpunkt: Blattspinat hat im Frühjahr und Sommer, Wurzelspinat im Herbst Saison. Letzterer wird außerdem mitsamt Wurzel geerntet und bleibt dadurch länger frisch.

Zubereitung:

1 Die Spinatblätter von den Stielen zupfen, gründlich waschen, in Salzwasser blanchieren und kalt abschrecken. Dann auf einem Sieb abtropfen lassen, ausdrücken und klein schneiden.

2 Die Zwiebel schälen und in kleine Würfel schneiden. Die Zwiebelwürfel in einem kleinen Topf im Öl glasig dünsten, die Brühe angießen und 15 Minuten leise köcheln lassen.

3 Spinat und Sahne mit dem Knoblauch hineingeben und die Sauce mit dem Mixer pürieren. Die Butter hineinmixen und mit Salz, Cayennepfeffer und Muskat abschmecken. Die Kokosflocken oder -chips in einer Pfanne ohne Fett hell anrösten und die Sauce damit bestreuen.

▶ Tipp:

Den Spinat unmittelbar nach dem Kochen in kaltem Wasser abschrecken, damit er seine satte grüne Farbe behält. Danach in einem Sieb abtropfen lassen und gut ausdrücken, damit die Sauce nicht verwässert.

▶ Spinatsauce mit Nussbutter:

40 g Butter in einem kleinen Topf bei milder Hitze hell bräunen und mit etwa 2 EL kalter Butter in die fertige Sauce mixen, den Sahneanteil dabei etwas verringern. Die Sauce erhält so ein angenehm nussiges Aroma.

▶ Getrüffelte Spinatsauce:

Die fertige Spinatsauce unmittelbar vor dem Servieren mit ein paar Tropfen weißem Trüffelöl mischen.

Gorgonzolasauce

Schmeckt zu:
- Nudeln und Ravioli
- Zwiebeltörtchen und Gemüse
- Crêpes mit Spinatfüllung

Zutaten für ca. 650 ml:

¹/₂ kleine Selleriestange

¹/₂ kleine Zwiebel

¹/₄ reife Birne

1 EL Öl

400 ml Gemüsebrühe

¹/₂ TL Anislikör (Pernod)

80 g Sahne

¹/₂ klein geschnittene Knoblauchzehe

1 Scheibe gehackter Ingwer

80 g Gorgonzola

Salz

Cayennepfeffer

frisch geriebene Muskatnuss

Zubereitung:

1 Den Sellerie putzen, waschen und klein schneiden. Die Zwiebel ebenfalls schälen und klein würfeln. Die Birne schälen, vierteln, Kerngehäuse entfernen und klein schneiden.

2 In einem Topf bei milder Hitze Sellerie und Zwiebeln im Öl glasig andünsten. Die Brühe angießen und 15 Minuten köcheln lassen. Nach 10 Minuten die Birnenstücke hineingeben. Am Ende Anislikör, Sahne, Knoblauch und Ingwer hinzufügen.

3 Das Ganze im Mixer pürieren. Den Käse in kleinen Stücken hineinmixen und mit Salz, Cayennepfeffer und Muskat würzen.

▸ Raffiniert verfeinert:

Serviert man die Gorgonzolasauce zu Nudeln, passen karamellisierte Birnenwürfel mit einem Spritzer Williamsgeist oder Trauben mit Grappa sehr gut dazu.

▸ Fenchel-Gorgonzola-Sauce:

Eine raffinierte Variante der Grundsauce entsteht, wenn man den Sellerie durch Fenchel ersetzt und am Schluss die Flüssigkeit ohne Einlage aufmixt.

Lauch-Zitronen-Sauce

Schmeckt zu:
- Reisgerichten und Gnocchi
- gebratenem Fisch
- kurz gebratenem Kalb- und gekochtem Rindfleisch

Zubereitung:

1 Den Lauch putzen, längs halbieren, waschen, abtropfen lassen und quer in Streifen schneiden.

2 Die Zwiebel und die Kartoffel schälen, in kleine Würfel schneiden und in einem Topf im Öl bei milder Hitze glasig andünsten. Mit Brühe auffüllen und köcheln lassen. Nach etwa 15 Minuten den Lauch zugeben und weitere 10 Minuten leise köcheln lassen.

3 Die Sahne angießen, die Zitronenstreifen einlegen, 3 Minuten darin ziehen lassen und wieder entfernen. Lauch, Knoblauch, Ingwer und Butter hinzufügen und alles im Mixer pürieren. Durch ein grobes Sieb passieren und mit Salz, Cayennepfeffer, Muskat und Zitronensaft abschmecken.

▶ Tipp:

Die Lauch-Zitronen-Sauce hat an und für sich wenig Bindung, deshalb wird eine Kartoffel mitgekocht, die der Sauce Sämigkeit verleiht. Alternativ kann die Sauce auch mit Speisestärke gebunden werden.

Der Zitronengeschmack kommt übrigens hauptsächlich aus der Schale. Der Saft sorgt nur für Säure, beeinflusst den Geschmack aber kaum.

▶ Lauchsauce mit Zitronengras:

An Stelle der Zitronenschale frisch geschnittenes Zitronengras mitkochen. Das gibt ein äußerst feines Zitronenaroma.

Zutaten für ca. 600 g:

200 g Lauch
(den hellgrünen Teil)
Salz
1/2 Zwiebel
1/2 Kartoffel (ca. 60 g)
1 EL Öl
400 ml Gemüsebrühe
80 g Sahne
2 Streifen unbehandelte
Zitronenschale
je 1 TL gehackter Knoblauch
und Ingwer
2 EL kalte Butter
Cayennepfeffer
frisch geriebene Muskatnuss
1 Spritzer Zitronensaft

Kürbissauce mit Curry

Schmeckt zu:
- Fisch
- gebratenem Geflügel
- Nudeln und Couscous mit Kräutern

Zutaten für ca. 650 g:

300 g Muskatkürbisfleisch

1 Möhre

1 TL Puderzucker

350 ml Gemüsebrühe

$1/2$ TL Ingwer

*1 kleine gehackte Knob-
lauchzehe*

1 EL Currypulver

80 g Sahne

2 EL kalte Butter

Salz

Cayennepfeffer

*40 g eingelegte getrocknete
Tomaten*

40 g getrocknete Feigen

1 EL Rosinen

Zubereitung:

1 Das Kürbisfleisch in 1 cm große Würfel schneiden. Die Möhre schälen und in kleine Würfel schneiden.

2 Den Puderzucker bei milder Hitze hell karamellisieren. Die Kürbis-
und Möhrenwürfel hineinrühren und darin andünsten. Mit der Gemüsebrühe auffüllen und etwa 20 Minuten mehr ziehen als köcheln lassen.

3 Ingwer, Knoblauch, Curry und Sahne hinzufügen, dann alles mit der
Butter im Mixer pürieren. Gegebenenfalls mit Salz und Cayennepfeffer
nachwürzen. Die Tomaten gut abtropfen lassen, mit den Feigen in kleine
Würfel schneiden und mit den Rosinen in die Sauce rühren.

▶ Tipp:

Je nachdem, welches Currypulver verwendet wird, variiert diese Sauce
von mild bis scharf. Der Curry sollte möglichst spät zur Sauce gegeben
werden, damit sein Aroma voll erhalten bleibt.

▶ Curry-Gemüse-Sauce:

1 geschälte Möhre mit 1 Selleriestange und $1/2$ kleinen Zucchino in
etwa 5 mm große Würfel schneiden. In Salzwasser blanchieren, kalt abschrecken und abtropfen lassen. 1 Zwiebel in kleine Würfel schneiden,
bei milder Hitze in Öl glasig anschwitzen, mit 400 ml Gemüsebrühe
auffüllen und weich köcheln lassen. 1 EL Currypulver, 1 Prise Cayennepfeffer, $1/2$ TL gehackter Ingwer, 1 gehackte Knoblauchzehe, 80 g Sahne,
50 g gekochte Kartoffeln und 2 EL kalte Butter hineinmixen, salzen und
die Gemüsewürfel hineinstreuen. Mit frisch geschnittenen Basilikum-
blättern anrichten.

Dips & Buttermischungen

Kartoffel-Dip

Schmeckt zu:
- Garnelen und geräuchertem Fisch
- frischem Bauernbrot
- rohen Gemüsesticks und Pilzen

Zutaten für ca. 400 g:

50 g Butter, ¹/₂ Zwiebel

1 EL Öl, 200 g Kartoffeln

1 Prise ganzer Kümmel, Salz

150 g saure Sahne

2 EL Crème fraîche

Pfeffer aus der Mühle

Cayennepfeffer

1 Prise gemahlener Majoran

1 Prise gemahlener Kümmel

frisch geriebene Muskatnuss

Info

Kartoffelkäs war früher in Bayern eine einfache, deftige Speise aus gekochten Kartoffeln, rohen Zwiebeln, saurer Sahne und Gewürzen. Daraus habe ich diesen Dip entwickelt, der für die schnelle Küche hervorragend geeignet ist, sowie eine feine Kartoffelkäs-Variante, den Kartoffel-Brotaufstrich, den ich statt Butter gerne zu warmem Holzofenbrot serviere.

Zubereitung:

1 Die Butter in einem kleinen Topf bei mittlerer Hitze hell bräunen und durch ein mit Küchenpapier ausgelegtes Sieb gießen. Die Zwiebelhälfte schälen, in kleine Würfel schneiden und in einer Pfanne im Öl bei mittlerer Hitze anbräunen.

2 Die gewaschenen Kartoffeln mit Kümmel in Salzwasser weich kochen, heiß schälen und durch eine Kartoffelpresse drücken. Zwiebeln, saure Sahne, Crème fraîche und die braune Butter hineinrühren. Mit Salz, Pfeffer, Cayennepfeffer, Majoran, Kümmel und Muskat würzen.

▶ Tipp:

Dieser Dip sollte möglichst frisch zubereitet werden. Er schmeckt am besten, wenn er warm serviert wird. Im Kühlschrank verliert er seinen mild-würzigen Charakter.

▶ Kartoffel-Brotaufstrich:

Aus dem Kartoffel-Dip kann man ganz einfach einen herzhaften Brotaufstrich machen: Einfach etwas mehr Kartoffeln für das gleiche Rezept verwenden. Schmeckt unwiderstehlich auf frisch gebackenem Bauernbrot!

▶ Kartoffel-Oliven-Dip:

Dafür die gebräunte Butter durch die gleiche Menge Olivenöl ersetzen und 1 gehackte Knoblauchzehe sowie 70 g entsteinte, klein gehackte schwarze oder grüne Oliven dazugeben.

Senf-Honig-Dip

Schmeckt zu:
- gebeiztem Lachs und gebratenem Fisch
- gekochtem Fleisch
- Grillsteaks, -gemüse oder -fisch

Zubereitung:

1 Die Crème fraîche mit der Sahne in einer Schüssel glatt rühren. Je nach Konsistenz der Crème fraîche die Sahnemenge etwas variieren.

2 Honig, Senf und Dill hinzufügen und den Dip mit Salz und Cayennepfeffer abschmecken.

▶ Tipp:

Der Honig für diesen Dip sollte natürlich flüssig sein und nur einen zarten Eigengeschmack haben. Der Dip kann problemlos ein paar Tage aufbewahrt werden.

Für viele Saucen eignet sich Cayennepfeffer besser als normaler Pfeffer, da er nur scharf ist und im Gegensatz zu reinem Pfeffer keinen starken Eigengeschmack besitzt. Cayennepfeffer gibt die nötige Schärfe, ohne den feinen Geschmack der Saucen zu beeinträchtigen.

▶ Schnittlauch-Dip:

250 g Crème fraîche mit 80 g Sahne glatt rühren, mit Salz und Cayennepfeffer würzen und mit 1 Spritzer Zitronensaft abschmecken. 2 EL Schnittlauchröllchen unterziehen. Nach Belieben passt auch noch etwas gebräunte Butter sehr gut in diesen Dip.

Zutaten für ca. 350 g:

250 g Crème fraîche

etwa 80 g Sahne

1 gehäufter TL Honig

1 EL scharfer Senf (Dijonsenf)

1–2 EL frisch geschnittener Dill

Salz

Cayennepfeffer

Info

Der Senf-Honig-Dip erinnert an die skandinavische Senf-Dill-Sauce auf der Basis von Mayonnaise, die dort zu gebeiztem Lachs auf Toast serviert wird. Ich habe der Sauce noch Honig hinzugefügt und bereite sie am liebsten mit Crème fraîche zu, so ist sie luftiger und kann je nach Menge der Würzzutaten von mild bis pikant variiert werden.

Guacamole

Schmeckt zu:
- Tacos und anderen pikanten Chips
- gebratenem Fisch
- gebratenen Geflügelspießen

Zutaten für ca. 400 g:

2 weiche Avocados

2 EL Zitronensaft

1 mittelscharfe rote

Chilischote

2 EL Olivenöl

$1/2$ gehackte Knoblauchzehe

1 Msp frisch gehackter Ingwer

Salz

Cayennepfeffer

Zubereitung:

1 Die Avocados schälen, halbieren, entkernen und mit einer Gabel fein zerdrücken und mit dem Zitronensaft beträufeln.

2 Die Chilischote längs halbieren, von Stielansatz und Kernen befreien und quer in feine Streifen schneiden.

3 Die zerdrückte Avocado mit Olivenöl, Chili, Knoblauch und Ingwer mischen, salzen und mit Cayennepfeffer würzen.

▶ Tipp:

Guacamole so frisch wie möglich zubereiten, denn die Farbe verändert sich nach und nach. Daher nach dem Zerkleinern der Avocados sofort den Zitronensaft darüber träufeln. Olivenöl rundet den Geschmack des Dips ab, beschleunigt aber die Farbveränderung je nach Säuregehalt des Öls. Entgegen einer weit verbreiteten Annahme wird Guacamole, in die man Avocadosteine legt, trotzdem schnell braun.

▶ Mit Tomaten und Zwiebeln:

2 Tomaten überbrühen, enthäuten, vierteln, entkernen und das Tomatenfleisch in kleine Würfel schneiden. $1/4$ weiße Zwiebel schälen und ebenfalls in feine Würfel schneiden. Beides unter die Guacamole rühren.

▶ Mit Schinken und schwarzen Oliven:

100 g gekochten Schinken in kleine Würfel schneiden, 50 g entsteinte schwarze Oliven klein schneiden und alles unter die Guacamole (mit Tomaten und Zwiebeln) mischen.

Info

Guacamole ist der Inbegriff des Dips. Das Rezept kommt aus Mexiko, wo die Sauce mit Tortillas, Tacos, Nachos usw. gegessen wird. Allerdings würde man in Mexiko vermutlich unsere Guacamole als sehr fad empfinden, denn dort wird sie mit Chilis und Gewürzen meist höllisch scharf zubereitet.

Kichererbsen-Dip

Schmeckt zu:
- Fladenbrot oder anderen Brotsorten
- frischem Gemüse wie Gurke, Radieschen oder Möhren
- Lamm

Zutaten für ca. 400 g:

100 g Kichererbsen
(oder 200 g aus der Dose)
Salz
1 Knoblauchzehe
50 g Sesampaste
Saft von 1/2 Zitrone
3 EL Olivenöl
Cayennepfeffer
1 Prise Kreuzkümmel
1 EL fein gehackte Petersilie

Info

Dieses Rezept ist eine Abwandlung des »Hummus«, eines klassischen Dips aus dem Mittelmeerraum, ursprünglich aus dem Libanon. Dort wird das Püree zum Servieren auf einen flachen Teller gestrichen, mit Olivenöl beträufelt und mit Petersilienblättern und Granatapfelkernen garniert.

Zubereitung:

1 Die Kichererbsen über Nacht in Wasser einweichen, in ein Sieb gießen und waschen. (Kichererbsen aus der Dose im Sieb abspülen.)

2 In einem Topf reichlich Wasser zum Kochen bringen, salzen und die Kichererbsen darin mindestens 1 1/2 Stunden weich köcheln. In einem Sieb abtropfen lassen, die Garflüssigkeit aufheben.

3 Die Kichererbsen im Mixer pürieren. Die Knoblauchzehe schälen und klein hacken und mit der Sesampaste, Zitronensaft und Olivenöl in das Kichererbsenmus rühren. Mit etwa 125 ml von der Garflüssigkeit auf die entsprechende Konsistenz bringen. Mit Salz, Cayennepfeffer und Kreuzkümmel würzen und mit der Petersilie bestreuen.

▶ Tipp:

Sesampaste bzw. Tahin, wie die Paste im Ursprungsland heißt, gibt es in zwei Varianten: Die helle cremefarbene Paste wird aus geschältem Sesam hergestellt und ist für diesen Dip empfehlenswert. Die dunklere Paste wird aus ungeschältem Sesam zubereitet und schmeckt etwas bitterer.

▶ Kichererbsen-Sahne-Dip:

Den Dip wie beschrieben mit nur 1 EL Olivenöl zubereiten und noch 50 g saure Sahne oder Crème fraîche hinzufügen. Dieser Dip schmeckt sehr erfrischend.

Mandel-Joghurt-Dip

Schmeckt zu:
- Geflügel
- Mais- und Tortilla-Chips
- Ofenkartoffeln und Spargel

Zubereitung:

1 Den Ofen auf 170 °C vorheizen.

2 Die Mandeln auf einem Blech ohne Fettzugabe im Ofen hell rösten und auskühlen lassen. Die Knoblauchzehen schälen und in Scheiben schneiden.

3 In einem Mixer die Mandeln mit den Knoblauchzehen, der Brühe und dem Olivenöl feinkörnig mixen. Den Joghurt mit der Petersilie hineinrühren und mit Salz, Pfeffer und Cayennepfeffer würzen. Wer die Sauce gerne herzhafter möchte, gibt etwas mehr Knoblauch und Cayennepfeffer dazu.

▶ Tipp:

Um die feine braune Haut der Mandeln zu entfernen, gibt man sie für 30 Sekunden in kochendes Wasser und gießt sie dann auf einem Sieb ab. Jetzt kann man die weißen Mandeln einfach aus der weichen Haut drücken. Abgezogene Mandeln sind etwas saftiger und weicher und nehmen weniger Flüssigkeit auf als ungeschälte.

▶ Mandel-Olivenöl-Dip:

Das Grundrezept ohne Joghurt mit 100 g Mandeln und 10 EL Olivenöl zubereiten.

Zutaten für ca. 400 g:

120 g ganze geschälte Mandeln

2 Knoblauchzehen

120 ml Gemüsebrühe

6 EL Olivenöl

120 g Joghurt

1 EL fein gehackte Petersilie

Salz

Pfeffer aus der Mühle

Cayennepfeffer

Chili-Aprikosen-Dip

Schmeckt zu:
- Frühlingsrollen, Dim Sum
- Marinade für Krautsalat, Geflügel und Fleisch
- gedünstetem und gebratenem Gemüse

Zutaten für ca. 450 g:

1 gehäufter EL Speisestärke

375 ml Wasser

50 g getrocknete Aprikosen

1 mittelscharfe rote Chilischote

50 g Zucker

1 TL Salz

3 EL Weißweinessig

1 TL Tomatenmark

je 1/2 TL fein gehackter Knoblauch und Ingwer

Info

Für die Schärfe der Chilis ist der Inhaltsstoff Kapsaizin verantwortlich, der hauptsächlich in den Samenkörnern und im oberen Teil der samtigen Scheidewände konzentriert ist. Der Schärfegrad der Chilis lässt sich somit durch das Entfernen oder Hinzufügen dieser Teile gut regulieren.

Zubereitung:

1 Die Speisestärke mit etwas kaltem Wasser glatt rühren. Die Aprikosen in sehr kleine Würfel schneiden, Chilischote von Stielansatz und Kernen befreien und in kleine Würfel schneiden.

2 Das übrige Wasser mit Chili, Zucker, Salz, Essig, Tomatenmark, Knoblauch und Ingwer aufkochen. Die Stärke dazugeben und unter Rühren 2 Minuten köcheln lassen. Mit dem Stabmixer pürieren und zuletzt die Aprikosen hinzufügen. Die Sauce einige Stunden kalt stellen, damit sie gut durchziehen kann.

▸ Raffiniert verfeinert:

Sollte noch etwas Schärfe fehlen, mit Cayennepfeffer nachwürzen oder noch ein paar Chilikörnchen hineingeben.

▸ Exotischer Chili-Dip:

200 g Ananas-, Mango- und Pfirsichfleisch in kleine Würfel schneiden, statt der getrockneten Aprikosen unter die Sauce ziehen, noch einmal kurz aufkochen und dann auskühlen lassen.

▸ Chilisauce mit Speck und Zwiebeln:

Den Dip statt mit Wasser mit klarem Kalbsfond (siehe S. 12) kochen und an Stelle der Aprikosen gebratene Speck- und Zwiebelwürfel darunter mischen. Diese Sauce passt ausgezeichnet zu gegrilltem oder gebratenem Fisch. Nur mit Speck zubereitet schmeckt sie sehr gut zu gebratenen Jakobsmuscheln.

Bohnen-Dip mit Salbei

Schmeckt zu:
- Weißbrot oder Fladenbrot
- Kirschtomaten
- kaltem Braten

Zutaten für ca. 350 g:

5 eingelegte Sardellen

60 g Butter

1 Knoblauchzehe

1 EL Salbeiblätter

200 g weiße Bohnen

(aus der Dose)

100 g Ricotta

1 Spritzer Zitronensaft

Salz

Cayennepfeffer

Info

In Italien wird aus weißen Bohnen mit Knoblauch und Olivenöl traditionell eine Paste zubereitet, die als Aufstrich für Crostini und andere Brotsorten dient. Dieser Dip kann ebenfalls als Brotaufstrich verwendet werden, dann aber etwas weniger Flüssigkeit hinzufügen.

Zubereitung:

1 Die Sardellen in einem Sieb abtropfen lassen und in 5 mm breite Streifen schneiden.

2 Die Butter mit der ungeschälten Knoblauchzehe in einem kleinen Topf hell bräunen und durch ein mit Küchenpapier ausgelegtes Sieb filtern. Die gewaschenen und trockengetupften Salbeiblätter in die heiße Butter rühren.

3 Die Bohnen in einem Sieb waschen und abtropfen lassen. Mit dem Ricotta im Mixer pürieren und die Masse durch ein Sieb streichen.

4 Die Salbeibutter mit den Sardellen in das Bohnenpüree rühren und den Bohnendip mit Zitronensaft, Salz und Cayennepfeffer würzen. Nicht zu kalt servieren, damit die Butter geschmeidig bleibt.

▶ Tipp:

Die Salbeiblätter werden in der heißen Butter kross und bekommen einen leicht nussigen Geschmack. Zum Servieren einfach noch einige kross gebratene Blätter zusätzlich darüber streuen.

▶ Mit Salbei und Speck:

100 g Speck in kleinen Würfeln in einer Pfanne im Öl kross anbraten. Unter den fertigen Bohnen-Dip ziehen, die Sardellen dann weglassen.

▶ Mit Kapern:

An Stelle des Salbeis Kapern mit etwas frisch geschnittenem Bohnenkraut dazugeben.

Auberginen-Dip

Schmeckt zu:
- Crostini
- rohem Gemüse wie Gurke, Paprika usw.
- gebratenen Lammfleischspießen

Zubereitung:

1 Den Backofen auf 200 °C vorheizen.

2 Die Auberginen waschen, Stiel- und Blütenansätze abschneiden und längs halbieren. Das Fruchtfleisch über Kreuz tief einschneiden, die Schale dabei möglichst unbeschadet lassen. Mit Salz und Pfeffer würzen und mit 2 EL Olivenöl beträufeln. Mit der Schnittfläche nach oben auf ein Backblech setzen, die ungeschälten Knoblauchzehen daneben legen und im vorgeheizten Ofen etwa 20 Minuten backen.

3 Das weich gegarte Fruchtfleisch der Auberginen mit einem Esslöffel aus den Schalen lösen. Die Knoblauchzehen schälen.

4 Auberginenfleisch und Knoblauch in einem Mixer mit dem übrigen Olivenöl pürieren und mit Salz, Cayennepfeffer und Kreuzkümmel abschmecken. In eine Schale füllen und mit Sesam bestreuen.

▶ Tipp:

Gart man die Auberginen in Alufolie, bleiben sie saftiger.

▶ Mit Sesampaste:

In den fertigen Dip 50 g helle Sesampaste, 2 EL getrocknete Tomaten in Würfeln und 2 EL Zitronensaft rühren, zum Servieren mit gerösteten Pinienkernen bestreuen.

▶ Mit Kapern und Oliven:

Den fertigen Dip mit 1 TL gehackten Kapern, 50 g klein gehackten schwarzen Oliven und 1 EL frisch geschnittenem Basilikum mischen.

Zutaten für ca. 350 g:

2 große Auberginen (à 350 g)

Salz

Pfeffer aus der Mühle

125 ml Olivenöl

4 Knoblauchzehen

Cayennepfeffer

1 Prise Kreuzkümmel

1 TL gerösteter Sesam

Info

Dieses Rezept ist im östlichen Mittelmeerraum bis in den Iran hinein weit verbreitet. Ein typisch rauchiges Aroma erhält der Dip, wenn die Auberginenhälften auf einem Holzkohlegrill gegart werden.

Salsa verde

Schmeckt zu:
- Gemüsesticks und Tafelspitz
- Polenta oder Kartoffeln
- Geflügel oder Garnelen

Zutaten für ca. 300 g:

3 eingelegte Sardellen

150 g Petersilie

250 g Spinat, Salz

1 Bund Basilikum

1 kleine gehackte

Knoblauchzehe

Saft von 1 kleinen Zitrone

100 ml Olivenöl

125 ml Gemüsebrühe

1 EL Kapern

Pfeffer aus der Mühle

Info

Als »Salsa verde« werden in Italien alle Arten von Kräutersaucen bezeichnet. Die bekannteste Salsa verde besteht aus Petersilie, Knoblauch und Olivenöl und wird zu Bollito misto, dem traditionellen gemischten Fleischtopf, aber auch zu Fischgerichten serviert.

Zubereitung:

1 Die Sardellen gut abtropfen lassen und in 5 mm breite Streifen schneiden.

2 Petersilienblätter und Spinatblätter von den Stielen zupfen, gründlich waschen und in Salzwasser blanchieren. Dann in kaltem Wasser abschrecken, auf einem Sieb abtropfen lassen und ausdrücken.

3 Basilikum mit Petersilie, Spinat, Knoblauch, Zitronensaft und Olivenöl im Mixer pürieren. Die Brühe mit Kapern und Sardellen hineinrühren und mit Salz und Pfeffer abschmecken.

▶ Raffiniert verfeinert:

In die fertige Salsa verde etwas frisch geriebenen oder fein gehobelten Parmesan rühren – so passt sie sehr gut zu Polenta oder Fleisch.

▶ Meerrettich-Pesto:

Pesto wird ebenfalls aus blanchiertem Spinat, Petersilie, Basilikum, 1 EL Sahnemeerrettich und Olivenöl hergestellt. Mit ein paar Tropfen Zitronensaft hält sich die grüne Farbe besser, durch geriebenen Parmesan und ein paar geröstete Pinienkerne kommt eine Bindung zu Stande.

▶ Frankfurter Grüne Sauce:

Sie enthält traditionell mindestens sieben verschiedene Kräuter (z.B. Petersilie, Schnittlauch, Kerbel, Dill, Estragon, Sauerampfer, Bärlauch oder Basilikum), die fein gehackt mit 1 zerdrückten, gekochten Eigelb, 1 EL Essig, 2 EL Öl, Salz und Pfeffer verrührt werden. Das gekochte Eiweiß hacken und darunter ziehen. Eventuell etwas Brühe dazugeben.

Senfbutter

Schmeckt zu:
- Kaninchen mit Rahmsauce (untergemixt)
- Fisch, gebratenem Rindfleisch
- Eiergerichten

Zutaten für ca. 400 g:

1/2 Zwiebel

1 EL Öl

250 g weiche Butter

1 EL scharfer Senf

100 g grobkörniger Senf

(Rotisseur-Senf)

1 TL Worcestershiresauce

1 TL Estragonblätter

Salz

Pfeffer aus der Mühle

Info

Wird Senf in warmen Gerichten verwendet, sollte er immer erst zum Schluss hinzugefügt werden. Die ätherischen Öle, die für den scharfen, würzigen Geschmack des Senfs verantwortlich sind, verflüchtigen sich ab etwa 40 °C. Außerdem kann eine Senfsauce beim Kochen ausflocken.

Zubereitung:

1 Die Zwiebelhälfte schälen und in kleine Würfel schneiden. Im Öl bei mittlerer Hitze glasig anschwitzen und auskühlen lassen.

2 Die Butter in einer Schüssel mit dem Schneebesen cremig rühren, den Senf mit Worcestershiresauce und die Zwiebeln hineinrühren. Den Estragon klein schneiden, in die Senfbutter rühren und mit Salz und Pfeffer würzen.

▶ Raffiniert verfeinert:

Aus der Senfbutter kann ganz einfach eine Gratiniermasse hergestellt werden: Dafür in 100 g weiche Senfbutter 40 g Semmelbrösel mischen. Diese Senfbutter in Stangen gerollt aufbewahren und bei Bedarf in dünne Scheiben schneiden. Damit kann man Fisch oder Fleisch unter dem Grill goldbraun überbacken.

▶ Mit kandierten Früchten:

100 g kandierte Früchte sehr klein hacken und unter die weiche Senfbutter rühren. Den Estragon für dieses Rezept weglassen. Passt z.B. zu Kürbisgemüse.

▶ Mit Rosmarin und Honig:

Dafür 1/2 Apfel schälen, entkernen und in möglichst kleine Würfel schneiden. In einer Pfanne etwas Puderzucker hell karamellisieren, die Apfelwürfel hineinschwenken und etwas mitdünsten lassen. Dann abgekühlt unter die Senfbutter mischen. Den Estragon in diesem Fall weglassen, zum Schluss mit etwas Sherry, 1 EL gehacktem Rosmarin und 1 gestrichenem TL Honig abschmecken.

Bärlauchbutter

Schmeckt zu:
- Nudelgerichten und Risotto
- gegrilltem Tintenfisch und Lamm
- Sauce hollandaise (als Verfeinerung)

Zubereitung:

1 Den Bärlauch gründlich waschen und trockentupfen, die Stiele abzupfen und die Blätter in feine Streifen schneiden.

2 Die Butter schaumig rühren, Bärlauch und Zitronensaft hineinrühren und mit Salz und Pfeffer würzen.

▶ Tipp:

Unter die Bärlauchbutter können nach Belieben noch andere Kräuter gemischt werden.

Sehr junger Bärlauch hat oft nur einen sehr zarten, schwachen Knoblauchgeschmack. Um eine kräftigere Butter zu erhalten, kann man noch etwas gehackten Knoblauch dazugeben.

Wer die wertvollen Inhaltsstoffe des Bärlauchs konservieren möchte, kann die Bärlauchbutter gut verpackt ein paar Monate einfrieren.

▶ Kräuterbutter:

Verschiedene frische Kräuter, wie z. B. Basilikum, Petersilie, Kerbel, Thymian oder Rosmarin mit 2 Knoblauchzehen klein hacken und unter die cremig gerührte Butter mischen, mit Salz, Pfeffer und Cayennepfeffer würzen. Besonders fein schmeckt die Kräuterbutter, wenn sie mit etwas fein geriebenem Parmesan abgerundet wird.

▶ Bärlauchbutter mit grünem Pfeffer und getrockneten Tomaten:

Die Zutaten des Grundrezepts mit 1 EL eingelegten grünen Pfefferkörnern und 1 EL klein gewürfelten getrockneten Tomaten mischen.

Zutaten für ca. 350 g:

150 g frischer Bärlauch

250 g weiche Butter

1 Spritzer Zitronensaft

Salz

Pfeffer aus der Mühle

Info

Bärlauch ist das erste frische Kraut im Frühjahr. Er ist reich an Vitamin C und gilt in der Volksheilkunde als blutreinigend. Bärlauch hat dieselben positiven Eigenschaften wie Knoblauch. Jedoch entsteht durch ihn kein unangenehmer Körpergeruch, da er im Gegensatz zum Knoblauch viel Blattgrün enthält, das den Knoblauchgeruch unterbindet.

Paprikabutter

Schmeckt zu:
- Suppen und Fischsauce (als Verfeinerung)
- Gemüse
- Grillfleisch, Steaks und Fisch

Zutaten für ca. 250 g:

3 rote Paprikaschoten

50 ml Olivenöl

1 kleine Knoblauchzehe

1 TL Rosmarinnadeln

250 g weiche Butter

Salz

Cayennepfeffer

1 Prise Puderzucker

Zubereitung:

1 Die Paprikaschoten vierteln, Stielansätze und Kerne entfernen und mit dem Sparschäler enthäuten. Olivenöl auf einem Blech verteilen, die in Scheiben geschnittene Knoblauchzehe und den Rosmarin darauf streuen. Paprikastreifen auflegen, mit Salz, Pfeffer und Puderzucker würzen. Im vorgeheizten Ofen bei 100 Grad 2 Stunden lang garen.

2 Die weiche Butter mit einem Schneebesen schaumig rühren, mit Salz und Cayennepfeffer würzen und die gewürfelten Paprikas unterrühren.

▶ Raffiniert verfeinert:

Diese Butter eignet sich gut, um sie in eine weiße Grundsauce zu mixen. So erhält man eine feine Paprikasauce, die ausgezeichnet zu Fisch passt.

Ist die Butter für gegrilltes Fleisch oder gegrillten Fisch gedacht, kann man noch 1 fein gehackte Knoblauchzehe und etwa 150 g bunte Paprikawürfel (geschält und gegart) darunter mischen.

▶ Gelbe Paprikabutter:

Ebenso kann man aus gelben Paprikaschoten eine Butter herstellen, die mit 2 EL klein gehacktem Koriandergrün abgeschmeckt wird.

▶ Zitronen-Kümmel-Butter:

Das Grundrezept mit je $1/2$ TL klein gehackter unbehandelter Zitronenschale, Majoran, klein gehacktem Kümmel und 1 gehackten Knoblauchzehe abwandeln.

Pfefferbutter

Schmeckt zu:
- Gemüse in Folie gegart
- gegrilltem Fisch
- warmen Fruchtsaucen (als Verfeinerung)

Zutaten für ca. 280 g:

je 1 EL rote und grüne
Pfefferkörner
1 EL Szechuanpfeffer
250 g Butter
1/2 TL Honig
1/2 TL fein gehackter Ingwer
1/2 gehackte Knoblauchzehe
1 Msp abgeriebene Schale
einer unbehandelten Orange
Salz
Cayennepfeffer

Info

Szechuanpfeffer oder Fagara heißt auch Anispfeffer oder Blütenpfeffer und ist botanisch gesehen kein richtiger Pfeffer. Die rotbraunen Beeren kommen getrocknet und aufgespalten auf den Markt. Die losen schwarzen Samen aus dem Inneren sollten entfernt werden, da sie sehr bitter sind.

Zubereitung:

1 Die Pfefferkörner grob schroten, in einer Pfanne ohne Fettzugabe etwas anrösten und auskühlen lassen.

2 Die Butter mit einem Schneebesen schaumig rühren, Honig, Ingwer, Knoblauch, Orangenschale und den Pfefferschrot hineinrühren, salzen und mit Cayennepfeffer würzen.

3 Butter auf die Längsseite eines Bogens Pergamentpapier verteilen und eine Rolle daraus formen. 1 Stunde in den Kühlschrank stellen, anschließend in Scheiben schneiden und servieren.

▶ Tipp:

Diese Butter kann wie alle anderen Buttermischungen sehr gut einige Tage auf Vorrat gemacht werden. Dazu sollte sie unbedingt nochmals in Klarsichtfolie oder Alufolie eingewickelt werden, damit sie im Kühlschrank oder im Tiefkühlgerät nicht den Geschmack anderer Speisen annimmt.

Pfefferbutter ist ideal zum Abglänzen von gebratenem Geflügel wie Ente. Das Geflügel wird dafür am Ende der Garzeit mit der Butter bestrichen und noch einmal kurz in den Ofen geschoben.

▶ Cognac-Pfeffer-Butter:

Dafür 3 EL grüne Pfefferkörner grob hacken, mit 250 g weicher Butter mischen und mit Salz, Pfeffer, Cayennepfeffer und 1 EL Cognac abschmecken. Diese Butter lässt sich ebenfalls gut in eine helle Grundsauce einmixen oder zum Abschmecken von Kalbsjus für gebratenes Fleisch verwenden.

Waginger Käsebutter

Schmeckt zu:
- frischem Bauernbrot
- Kartoffeln
- Gemüse

Zubereitung:

1 Den Käse grob zerkleinern und durch ein Sieb streichen.

2 Die naturbelassene und die gebräunte Butter in einer Schüssel mit dem Schneebesen schaumig rühren. Den Käse hineinrühren und mit Salz, Pfeffer, Kümmel, Koriander, Muskat und Cayennepfeffer würzen.

3 Die Buttermasse auf die Längsseite eines Bogens Pergamentpapier verteilen und zu einer Rolle formen oder mit der Sterntülle eines Spritzbeutels kleine Rosen auf Pergamentpapier aufspritzen.

▶ Tipp:

Wer keinen zu intensiven Käsegeschmack möchte, verringert einfach die Käsemenge.

▶ Käsesauce für Nudeln:

Diese Butter kann z. B. in eine fertige helle Nudelsauce gemixt werden. Etwas blanchierten Blattspinat und Schinkenwürfel darunter ziehen und fertig ist eine raffinierte Nudelbegleitung.

▶ Waginger Käsebutter mit Mandeln:

Geschälte, fein gehackte Mandeln in einer Pfanne ohne Fett bei milder Temperatur hell anrösten, abkühlen lassen und mit etwas Nussöl unter die Butter mischen.

Zutaten für ca. 300 g:

150 g würziger Edelpilzkäse

120 g Butter

5 EL gebräunte Butter

Salz

Pfeffer aus der Mühle

1 Prise gemahlener Kümmel

1 Prise gemahlener Koriander

frisch geriebene Muskatnuss

Cayennepfeffer

Info

Für meine Waginger Käsebutter verwende ich einen kräftigen Edelpilzkäse aus unserer benachbarten Waginger Molkerei. Genauso gut eignen sich dafür Roquefort, Fourme d'Ambert oder je nach Belieben eine mildere, cremigere Sorte.

Pizzabutter

Schmeckt zu:
- Nudelgerichten
- gebratenem Gemüse und Pilzen
- Omelett

Zutaten für ca. 400 g:

2 grüne milde Chilischoten

50 g eingelegte getrocknete Tomaten

100 g würzige Salami

2 Knoblauchzehen

200 g Butter

5 EL Olivenöl

Salz

Pfeffer aus der Mühle

Cayennepfeffer

1 TL frischer Oregano

Zubereitung:

1 Von den Chilischoten Stielansätze und Kerne entfernen. Die eingelegten Tomaten abtropfen lassen und mit der Salami und den Chilischoten in kleine Würfel schneiden. Den Knoblauch schälen und klein hacken.

2 Die Butter mit dem Schneebesen in einer Schüssel mit dem Olivenöl schaumig rühren, alle Zutaten hineinrühren und mit Salz, Pfeffer, Cayennepfeffer und Oregano herzhaft würzen.

3 Buttermasse auf die Längsseite eines Bogens Pergamentpapier verteilen und zu einer Rolle formen oder mit der Lochtülle eines Spitzbeutels flache Tupfen auf Pergamentpapier aufspritzen.

▶ Tipp:

Die Pizzabutter gibt gebratenem Gemüse ein herzhaftes Aroma. Sie schmeckt aber auch sehr gut auf gegrilltem Fleisch.

▶ Pizza-Baguette:

Rühren Sie unter die Butter etwas Parmesan, klein gewürfelten Mozzarella sowie Semmelbrösel und würzen nochmal nach. Dann streichen Sie die Butter auf Baguettescheiben und gratinieren das Ganze unter dem Grill. Oder schneiden Sie das Baguette in kleinen Abständen bis zur Mitte ein und stecken in jeden Schnitt 1 Scheibe Pizzabutter.

Salsas & Chutneys

Kürbis-Linsen-Salsa

Schmeckt zu:
- gebratenem, gegrilltem oder gedämpftem Fisch
- gebackenem Gemüse
- Schwein, Ente und Kalbsleber

Zutaten für ca. 350 g:

90 g Berglinsen
(kleine grüne Linsen)
150 g süßsauer eingelegter
Kürbis
1/2 Zwiebel
1 EL Öl
1/2 TL Tomatenmark
250 ml Gemüsebrühe
1/2 Knoblauchzehe
1 TL Rotweinessig
Salz
Pfeffer aus der Mühle
1 TL Walnussöl

Zubereitung:

1 Die Linsen über Nacht in Wasser einweichen und auf einem Sieb abtropfen lassen.

2 Am nächsten Tag die Kürbisstücke auf einem Sieb abtropfen lassen und in 5 mm große Würfel schneiden.

3 Die Zwiebel schälen, in kleine Würfel schneiden und im Öl in einem kleinen Topf glasig anschwitzen. Die Linsen hinzufügen, das Tomatenmark einrühren und mit Brühe auffüllen. In etwa 40 Minuten gar kochen, dabei mehr ziehen als köcheln lassen. Gelegentlich umrühren und wenn nötig etwas Brühe nachgießen.

4 Die Salsa mit gehacktem Knoblauch, Essig, Salz, Pfeffer und Walnussöl würzen. Die Kürbisstücke darunter ziehen, noch einmal aufkochen lassen und mit etwas Kürbis-Einlegesud und Salz abschmecken.

▶ Tipp:

Am besten gibt man die Kürbisstücke mit dem Einlegesud erst gegen Ende der Garzeit dazu, da die Essigsäure des Suds das gleichmäßige Garen der Linsen blockieren würde.

▶ Kürbis-Linsen-Salsa mit Ananas:

Etwa 50 ml mehr Gemüsebrühe verwenden, am Ende 80 g Ananaswürfel mit etwas Ananassaft dazugeben und nochmals aufkochen.

▶ Kürbis-Linsen-Salsa mit Speck:

100 g Speckwürfel in einer Pfanne in etwas Öl kross anbraten, auf einem Sieb abtropfen lassen und in die fertige Salsa geben.

Tomaten-Salsa

Schmeckt zu:
- Tortilla-Chips
- gebratenem Fleisch
- Scampi oder Calamari

Zubereitung:

1 Die Tomaten waschen, vierteln, Stielansätze und Kerne entfernen und in kleine Würfel schneiden. Die Zwiebel schälen und ebenfalls in kleine Würfel schneiden. Die Knoblauchzehe schälen und klein hacken.

2 Die Chilischote längs halbieren, Stielansatz sowie Kerne entfernen und sehr fein hacken. Die Blätter vom Basilikum abzupfen, mit den Petersilien- und Kerbelblättern waschen, trockenschütteln und klein schneiden. Die Rosmarinnadeln fein hacken.

3 Alle Zutaten miteinander mischen, Essig und Öl hineinrühren und die Salsa mit Salz und Zimt abschmecken.

▶ Tipp:

Die sehr zarten, weichen Blätter von Petersilie, Basilikum und Kerbel nicht zu klein schneiden, damit ihre ätherischen Öle nicht zu stark verströmen und ihr Eigengeschmack erhalten bleibt.

Rosmarin hat sehr feste, harte Nadeln, die man am besten so klein wie möglich hackt.

▶ Tomaten-Sahne-Salsa mit schwarzen Oliven:

50 g entsteinte schwarze Oliven vierteln und mit 3 EL Crème fraîche unter die fertige Tomaten-Salsa rühren. Den Rotweinessig dafür durch Limettensaft ersetzen.

Zutaten für ca. 350 g:

500 g vollreife Tomaten

$1/2$ Zwiebel

1 Knoblauchzehe

1 rote Chilischote

3 Stängel frisches Basilikum

2 EL Petersilienblätter

2 EL Kerbelblätter

1 TL Rosmarinnadeln

1 EL Rotweinessig

3 EL Olivenöl

Salz

1 Prise Zimt

Info

Ist eine Salsa einmal zu scharf geraten, kann man sie mit Olivenöl oder Tomatensaft problemlos wieder mildern. Auch saure Sahne oder andere Sauermilchprodukte können die Schärfe auffangen. Allerdings harmoniert Zitronensaft besser mit Sauermilchprodukten als Essig.

Oliven-Salsa

Schmeckt zu:
- Spinatsalat, grünem und weißem Spargel
- Tacos
- gegrilltem Meeresfisch

Zutaten für ca. 350 g:

150 g entsteinte gemischte
Oliven
$^1/_2$ rote Paprikaschote
$^1/_2$ weiße Zwiebel
1 milde grüne Chilischote
30 g eingelegte Sardellen
1 EL Kapern
Salz
Pfeffer aus der Mühle
Cayennepfeffer
1 EL Rotweinessig
3 EL Olivenöl

Zubereitung:

1 Die Oliven halbieren, die Paprikaschote waschen, Stielansatz und Kerne entfernen und die Zwiebel schälen. Alles in 5 mm große Würfelchen schneiden. Von der Chilischote Stielansatz und Kerne entfernen, in Ringe schneiden. Die Sardellen abtropfen lassen und quer in 5 mm breite Streifen schneiden.

2 Alle Zutaten in einer kleinen Schüssel mit den Kapern mischen. Die Oliven-Salsa mit Salz, Pfeffer, gegebenenfalls etwas Cayennepfeffer, Essig und Olivenöl würzen.

▶ Raffiniert verfeinert:

Wer will, kann die Oliven-Salsa mit Rosinen, Cashewnüssen und gebratenen Speckwürfeln variieren.

▶ Oliven-Salsa mit Mozzarella:

2 vollreife Tomaten waschen, Stielsansätze entfernen, vierteln, entkernen und in kleine Würfel schneiden. 150 g Mozzarella ebenfalls in kleine Würfel schneiden und mit den Tomaten unter die halbe Menge Oliven-Salsa geben. Essig- und Ölanteil etwas erhöhen.

▶ Oliven-Sahne-Salsa mit Kartoffeln:

1 Kartoffel schälen, in 1 cm große Würfel schneiden und in Salzwasser kochen. Mit 100 g Crème fraîche oder saurer Sahne unter die halbe Menge Oliven-Salsa ziehen. Den Essig in diesem Fall durch Limettensaft ersetzen und etwas mehr Öl dazugeben. Mit 1 Msp gehacktem Knoblauch würzen.

Barbecue-Salsa

Schmeckt zu:
- allem Gegrilltem
- Hamburgern

Zutaten für ca. 500 g:

150 g Aubergine

6 EL Olivenöl

500 g vollreife Tomaten

2 mittelscharfe rote
Chilischoten

1 weiße Zwiebeln

80 ml Gemüsebrühe

100 ml Tomatensaft

5 EL Tomatenketchup

1 EL Honig

1 gehackte Knoblauchzehe

1 Msp fein gehackter Ingwer

1/2 TL Currypulver

1 Msp Kreuzkümmel

Salz

Zubereitung:

1 Aubergine waschen, in 5 mm breite Würfel schneiden und in einer Pfanne in 2 EL Öl anbräunen. Tomaten überbrühen, häuten, vierteln, entkernen und in kleine Würfel schneiden.

2 Die Chilischoten halbieren, Stielansätze und Kerne entfernen und in Streifen schneiden.

3 Die Zwiebel schälen, in kleine Würfel schneiden und in einem Topf in 1 EL Öl glasig andünsten. Chili etwas mitdünsten lassen, die Brühe mit Tomatensaft, dem übrigen Olivenöl, Ketchup, Honig, Knoblauch, Ingwer, Curry, Kreuzkümmel, Auberginen- und Tomatenwürfeln hinzufügen. Die Salsa noch ein paar Minuten leise köcheln lassen und mit Salz abschmecken.

▶ Tipp:

Obwohl Kreuzkümmel ein typisches Gewürz für Barbecue-Saucen ist, sollte man ihn nur sparsam verwenden.

Diese Salsa sollte nur bei milder Hitze dünsten. Dann werden die Zwiebeln weich, ohne Farbe anzunehmen, und die anderen Zutaten werden ebenfalls gar, ohne dass zu viel Flüssigkeit verdampft.

▶ Barbecue-Salsa mit Mais:

Zusammen mit den Tomatenwürfeln noch 80 g Zuckermais in die Grundsauce geben.

Avocado-Salsa

Schmeckt zu:
- gebratenen Garnelen, Thunfisch oder Fisch-Carpaccio
- Geflügel
- kurz gebratenen Fleischstücken (Fondue)

Zubereitung:

1 Die Avocado schälen, halbieren, entkernen, in 1 cm große Würfel schneiden und mit Limettensaft beträufeln.

2 Die Zwiebel schälen und in kleine Würfel schneiden. Tomaten, Chilischote und Paprika waschen, Stielansätze und Kerne entfernen und in kleine Würfel schneiden.

3 Alle Zutaten miteinander mischen und die Salsa mit Salz, Pfeffer, Knoblauch und Olivenöl würzen.

▶ Tipp:

Besonders schön sieht es aus, wenn die Avocado-Salsa in den ausgehöhlten Avocadohälften serviert wird.

Übrig gebliebene Avocado-Salsa kann gut unter einen marinierten Blattsalat gemischt werden.

▶ Avocado-Mango-Salsa:

$1/2$ Mango schälen und in kleine Würfel schneiden. $1/4$ rote Zwiebel in kleine Würfel schneiden. 1 Avocado schälen, halbieren, entkernen und ebenfalls in Würfel schneiden. Alle Zutaten mit 1 klein gehackten Chilischote mischen und mit gehacktem Koriandergrün und Limettensaft würzen, nach Belieben leicht salzen.

Zutaten für ca. 350 g:

1 reife, schnittfeste Avocado

1 EL Limettensaft

$1/2$ kleine rote Zwiebel

2 vollreife Tomaten

1 mittelscharfe rote Chilischote

$1/4$ rote Paprikaschote

Salz

Pfeffer aus der Mühle

1 gehackte Knoblauchzehe

3 EL Olivenöl

Rote-Bete-Salsa

Schmeckt zu:
- gekochtem Rindfleisch
- Muscheln
- Eiergerichten und Kartoffeln

Zutaten für ca. 300 g:

1 mittelgroße Rote Bete

Salz

1 Birne

2 Lauchzwiebeln

2 kleine Gewürzgurken

(Cornichons)

1 EL Rotweinessig

3 EL Olivenöl

Cayennepfeffer

1 EL geschnittenes

Koriandergrün

etwas frischer Meerrettich

Zubereitung:

1 Die Rote Bete waschen, frische Blätter abschneiden, die Knolle dabei aber nicht verletzen. In Salzwasser in gut 1 Stunde weich kochen. Mit Hilfe eines Tuchs schälen und in knapp 1 cm große Würfel schneiden.

2 Die Birne schälen, vierteln, Kerngehäuse entfernen und ebenfalls in 1 cm große Würfel schneiden. Die Lauchzwiebeln putzen und mit den Cornichons in 5 mm breite Scheiben schneiden.

3 Die Rote-Bete-Würfel mit Birnen, Lauchzwiebeln und Cornichons mischen. Mit Rotweinessig und Olivenöl marinieren und mit Salz und Cayennepfeffer würzen. Das Koriandergrün hineinrühren und frischen Meerrettich darüber hobeln.

▶ Tipp:

Die Salsa schmeckt am besten, wenn sie aus junger Roter Bete zubereitet wird, ältere Exemplare haben oft ein erdiges bis muffiges Aroma.

▶ Rote-Bete-Salsa mit Matjes:

1 Matjes-Doppelfilet in Würfel schneiden. 1 Apfel schälen, vierteln, Kerngehäuse entfernen und in Würfel schneiden. Die Salsa statt mit Birnen mit den Apfelwürfeln zubereiten, die Matjesstücke untermischen.

▶ Rote-Bete-Salsa mit Kaviar:

Die gekochte Rote Bete in Würfel schneiden und mit Salz, Pfeffer, 2 EL Zitronensaft, 1 EL Maiskeimöl und 1 EL Schnittlauchröllchen mischen. 2 EL Crème fraîche mit 1 EL Kaviar und 1 Prise Cayennepfeffer verrühren. Passt gut zu Blini oder frisch geräucherten Fischfilets.

Mango-Ananas-Salsa

Schmeckt zu:
- Eisbechern
- Crêpes
- Joghurtcreme

Zutaten für ca. 350 g:

¹/₂ reife Mango

¹/₈ Ananas

1 Banane

1 EL Limettensaft

1 EL weißer Rum

1 EL brauner Zucker

1 TL Honig

1 Msp abgeriebene Schale
einer unbehandelten Limette

¹/₂ TL fein gehackter Ingwer

1 Prise Zimtpulver

Cayennepfeffer

Info

Diese Salsas sind typische Dessert-Salsas, die ausschließlich für Süßspeisen verwendet werden. Aber selbst hier findet Chili als Gewürz Verwendung, da es den Eigengeschmack der Früchte nicht dominiert, sondern durch seine Schärfe lediglich einen Akzent setzt.

Zubereitung:

1 Die Mango schälen und den Kern herausschneiden. Die Ananas schälen und den Strunk herausschneiden. Die Banane schälen und mit Mango und Ananas in etwa 1 cm große Würfel schneiden.

2 Die Obstwürfel mit Limettensaft, Rum, Zucker und Honig mischen. Zum Schluss die Salsa mit Limettenschale, Ingwer, Zimt und Cayennepfeffer würzen.

▶ Tipp:

Diese Salsa kann bereits einige Stunden vor dem Servieren fertig gestellt werden, die Banane allerdings erst kurz vorher dazugeben.

▶ Mango-Ananas-Salsa mit Kokos:

1 EL Kokosflocken unter die Salsa ziehen.

▶ Ananas-Erdbeer-Salsa:

150 g Erdbeeren von den Kelchblättern befreien, waschen und klein schneiden. Mit Ananas, Banane, Limettensaft, Rum, Zucker, Cayennepfeffer und Honig mischen. Mango, Limettenschale und Ingwer in diesem Fall weglassen.

Pfirsich-Salsa

Schmeckt zu:
- hauchdünn geschnittenem rohem Schinken
- Hähnchen und Kaninchen
- Leber

Zubereitung:

1 Die Pfirsiche waschen, halbieren, entsteinen und in 1 cm große Würfel schneiden. Die Frühlingszwiebeln putzen, waschen und in 5 mm breite Scheiben schneiden. Paprikaschote und Chilischote waschen, Stielansätze und Kerne entfernen und danach in kleine Würfel schneiden.

2 Alle Gemüsewürfel miteinander vermischen und die Salsa mit Limettensaft, Olivenöl, Ingwer, Knoblauch, Curry, Kreuzkümmel, Muskat, Salz und Pfeffer würzen.

▶ Tipp:

Man kann die Salsa auch mit 2 EL Granatapfelkernen und 2 TL Granatapfelsirup nachschmecken.

▶ Pfirsich-Fenchel-Salsa:

Den Saft von 1 Orange auspressen, 1/2 nicht zu große Fenchelknolle in kleine Würfel schneiden und mit den übrigen Zutaten mischen. Das Fenchelgrün kann noch klein gehackt dazugegeben oder als Dekoration verwendet werden.

Zutaten für ca. 400 g:

3 große, reife Pfirsiche
2 Frühlingszwiebeln
1/4 rote Paprikaschote
1 rote Chilischote
70 g Zucchiniwürfel
2 EL getrocknete Tomatenwürfel
2 EL frischer Limettensaft
1 EL Olivenöl
je 1 Msp gehackter Ingwer und Knoblauch
je 1 Msp Curry und Kreuzkümmel
frisch geriebene Muskatnuss
Salz
Pfeffer aus der Mühle

Info

Achtung bei der Dosierung von Chili! Besonders in kalten Speisen entsteht die Schärfe erst mit der Zeit und das Gericht ist, wenn man es zu stark gewürzt hat, am Ende oft zu scharf.

Bohnen-Papaya-Salsa

Schmeckt zu:
- luftgetrocknetem Fleisch
- Poularde oder Pute
- gegrilltem Fisch und Krustentieren

Zutaten für ca. 450 g:

200 g vorgekochte rote Bohnen
(aus der Dose)

1/2 kleine weiße Zwiebel

1/2 rote Paprikaschote

1 vollreife Tomate

1 reife Papaya

1/2 Kolben Zuckermais (ersatz-
weise 40 g aus der Dose)

1 mittelscharfe rote
Chilischote

1–2 EL frischer Limettensaft

1 Msp gehackter Ingwer

2 EL Olivenöl

1 TL geschnittenes
Koriandergrün

Zubereitung:

1 Die Bohnen auf ein Sieb geben, waschen und abtropfen lassen. Die Zwiebel schälen, die Paprikaschote waschen, Stielansatz und Kerne entfernen. Die Tomate überbrühen, enthäuten, vierteln, entkernen und mit den anderen Gemüsesorten in knapp 1 cm große Würfel schneiden. Die Papaya schälen, halbieren und mit einem Löffel die Kerne entfernen.

2 Die Körner vom Maiskolben mit einem Messer lösen. Die Chilischote von Stielansatz und Kernen befreien und klein hacken. Alle Zutaten miteinander mischen und die Salsa mit Limettensaft, Ingwer, Olivenöl und Koriandergrün würzen.

▶ Tipp:

Die Salsa 30 Minuten durchziehen lassen, dabei jedoch nicht kühlen. Sie sollte zimmerwarm serviert werden, da sie so ihr volles Aroma entfaltet.

▶ Bohnen-Salsa mit Schinken:

150 g gekochten Schinken in kleine Würfel schneiden. Die übrigen Zutaten miteinander mischen und die Schinkenwürfel dazugeben. Statt Limettensaft Rotweinessig verwenden.

▶ Bohnen-Thunfisch-Salsa:

200 g vorgekochte weiße Bohnen (aus der Dose) waschen und abtropfen lassen. 1/2 rote Paprikaschote waschen, Stielansatz und Kerne entfernen und mit 1/4 weißen Zwiebel in kleine Würfel schneiden. Alle drei Gemüsesorten, 100 g abgetropften eingelegten Thunfisch, 1 EL Rotweinessig und 2 EL Olivenöl miteinander mischen und mit 1/2 gehackten Knoblauchzehe, 1 TL fein gehacktem Thymian, Salz und Pfeffer würzen.

Rhabarber-Chutney

Schmeckt zu:
- gebratenem Perlhuhn und Ente
- gebratenen Schweinemedaillons und Rehrücken
- Käse und Frischkäse

Zutaten für ca. 500 g:

400 g Rhabarber

3 Orangen

1 mittelgroßer säuerlicher

Apfel

1 TL Puderzucker

125 ml Weißwein

2 EL Weißweinessig

80 g Zucker

1 gestrichener TL Pektin (10 g)

1/2 Zimtstange

1/2 Vanilleschote

1 TL fein gehackter Ingwer

je 1 Streifen unbehandelte

Zitronen- und Orangenschale

Zubereitung:

1 Den Rhabarber schälen und in etwa 1 cm große Würfel schneiden. Die Orangen mit einem Messer so schälen, dass die weiße Haut ebenfalls entfernt ist. Die Filets mit einem Messer herausschneiden und halbieren. Den Apfel schälen, vierteln, Kerngehäuse entfernen und in kleine Würfel schneiden.

2 Den Puderzucker in einem Topf hell karamellisieren und mit Wein und Essig ablöschen. Zucker und Pektin vermischen und in die warme Flüssigkeit rühren. Die Apfelwürfel mit Zimtstange und aufgeschlitzter Vanilleschote hineingeben und etwa 15 Minuten köcheln lassen.

3 Den Rhabarber dazugeben und einige Minuten darin ziehen lassen. Zuletzt die Orangenfilets mit Ingwer sowie Zitronen- und Orangenschale hineinrühren und noch einmal aufkochen lassen. Die Gewürze entfernen und das Rhabarber-Chutney heiß in Einmachgläser füllen.

▶ Tipp:

Den Rhabarber erst später dazugeben, da er sonst zerfällt. Er darf zwar weich werden, aber die Stücke sollten dabei noch ganz bleiben. Die Orangen ebenfalls erst ganz zum Schluss dazugeben, sie müssen nur einmal aufgekocht werden, damit das Chutney haltbar ist.

▶ Rhabarber-Chutney mit Erdbeeren:

150 g Erdbeeren von den Kelchblättern befreien, waschen und in dünne Spalten schneiden. Mit den Orangen zum Schluss unter das Rhabarber-Chutney rühren und noch einmal aufkochen. Wird es sofort gegessen, die Erdbeeren erst dazugeben, wenn das Chutney fast abgekühlt ist.

Kürbis-Chutney

Schmeckt zu:
- Geflügelgerichten mit Curry
- Schweinefleisch und gekochtem Rindfleisch
- Entengerichten

Zubereitung:

1 Den Kürbis schälen, entkernen. Die Ananas schälen, den harten Strunk entfernen. Die Birne schälen, entkernen, die Möhre schälen. Alles in etwa 1 cm große Würfel schneiden. Die Zwiebel schälen und klein würfeln.

2 Den Ananassaft mit Weißwein und Essig in einen Topf geben. Zucker und Pektin vermischen und in die warme Flüssigkeit rühren. Kürbis, Ananas, Möhre, Birne und Zwiebel hinzufügen, 1 Prise Salz dazugeben, Zimtstange, aufgeschlitzte Vanilleschote und Sternanis einlegen und etwa 30 Minuten leise köcheln lassen. Zum Schluss Kardamom, Ingwer und Zitronenschale hineinrühren.

▶ Tipp:

Am besten eignen sich für dieses Chutney Muskatkürbisse mit ihrem orangefarbenen, festen und aromatischen Fleisch.

▶ Kürbis-Apfel-Chutney:

2 Äpfel schälen, vierteln, Kerngehäuse entfernen und in kleine Würfel schneiden. Die Ananas weglassen und durch Apfel und Ingwer, den Himbeeressig durch Apfelessig ersetzen.

▶ Kürbis-Früchte-Chutney:

Ananas und Zwiebel weglassen. 300 g Muskatkürbiswürfel mit 300 g gemischten, in Würfel geschnittenen Früchten, wie z.B. Ananas, Mango, Pfirsich, Nektarine oder Birne, mischen. 50 g Marzipan mit 1 EL Rum glatt rühren und untermischen. Ananassaft in diesem Fall durch Orangensaft ersetzen und alles wie beschrieben zum Chutney kochen.

Zutaten für ca. 750 g:

400 g Muskatkürbis

1/4 Ananas

1/2 Birne

1/2 Möhre

1/2 weiße Zwiebel

100 ml Ananassaft

75 ml trockener Weißwein

5 EL Himbeeressig

70 g Zucker

1 gestrichener EL Pektin (10 g)

Salz

1/2 Zimtstange

1/2 Vanilleschote

3 Zacken Sternanis

1 Prise Kardamom

1/2 TL fein gehackter Ingwer

1 Msp abgeriebene Schale einer unbehandelten Zitrone

Kirsch-Chutney

Schmeckt zu:
- Ente mit Blaukraut
- Hase, Hirsch und Wildgeflügel
- Käse

Zutaten für ca. 700 g:

1/2 Zwiebel (ca. 60 g)
100 g Knollensellerie
500 g Kirschen
80 g Zucker
1 gestrichener EL Pektin
(ca. 10 g)
1 EL Puderzucker
je 50 ml Rotwein und Portwein
125 ml Sauerkirschsaft
1 cm Zimtstange
2 Zacken Sternanis
1 Streifen unbehandelte
Orangenschale
Salz
Pfeffer aus der Mühle
2 EL geraspelte Zartbitter-
kuvertüre

Zubereitung:

1 Zwiebel und Sellerie schälen und in kleine Würfel schneiden. Die Kirschen waschen, entstielen und entsteinen.

2 Den Zucker mit Pektin vermischen. In einem Topf den Puderzucker bei milder Hitze hell karamellisieren, mit Rotwein und Portwein ablöschen und mit Sauerkirschsaft auffüllen. Die Zucker-Pektin-Mischung in die erwärmte Flüssigkeit rühren. Zimtstange, Anis und Orangenschale hinzufügen und mit 1 Prise Salz und etwas Pfeffer würzen. Zwiebeln und Sellerie mit der Hälfte der Kirschen dazugeben und das Chutney bei kleiner Hitze etwa 15 Minuten kochen lassen.

3 Dann die restlichen Kirschen hinzufügen und noch einmal kurz aufkochen lassen. Zimtstange, Sternanis und Orangenschale aus dem Chutney entfernen, auskühlen lassen und die Schokoraspel hineinrühren.

▶ Tipp:

Bei Verwendung von Sauerkirschen die Zuckermenge mindestens verdoppeln.

Das Chutney wird haltbar, wenn man es nach dem Einrühren der Schokolade nochmals erhitzt. Dann schmilzt jedoch die Schokolade, die Kakaobutter wird herausgelöst und das Chutney wird unansehnlich.

▶ Kirsch-Mandel-Chutney:

100 g Mandelstifte oder nach Belieben ganze Mandeln in einer Pfanne bei milder Hitze ohne Fett hell rösten und mit dem zweiten Teil der Kirschen in das Chutney geben. Die Mandeln werden im Saft etwas weicher und bringen einen angenehm nussigen Röstgeschmack.

Feigen-Senf-Chutney

Schmeckt zu:
- Gänseleber und anderer Geflügelleber
- Pasteten, Blutwurst und Kaninchen
- Blauschimmelkäse

Zutaten für ca. 600 g:

1/2 Zwiebel

200 g getrocknete Feigen

1 Apfel

300 ml Weißwein

5 EL Weißweinessig

2 EL Zucker

1 TL Currypulver

Salz

1 TL scharfer Senf

1 TL Honig

etwas unbehandelte Zitronenschale

Info

Chutneys kommen ursprünglich aus Indien und wurden von den Engländern nach Europa gebracht. Im Ursprungsland werden sie in kleinen Schälchen vor allem zu Reis- und Currygerichten serviert.

Zubereitung:

1 Die Zwiebel schälen und mit den Feigen klein schneiden. Den Apfel schälen, Kerngehäuse entfernen und in kleine Würfel schneiden.

2 Weißwein, Essig, Zucker, Curry und Salz mit Feigen, Äpfeln und Zwiebeln in einem Topf erhitzen. Etwa 20 Minuten leise köcheln lassen.

3 Das Chutney vom Herd nehmen und den Senf mit Honig und Zitronenschale hineinrühren, die Zitronenschale später wieder entfernen.

▶ Tipp:

Das Chutney möglichst nicht so stark köcheln lassen, auch wenn es am Anfang sehr flüssig aussieht. Die getrockneten Feigen saugen sich beim Garen noch mit der Kochflüssigkeit voll.

▶ Zwetschgen-Chutney:

400 g Zwetschgen waschen, entsteinen, vierteln, mit 60 g Zimtzucker bestreuen, 2 EL Rotweinessig darüber träufeln, 2 Streifen unbehandelte Orangenschale mit 2 EL Rosinen, 1/2 klein geschnittene Birne und 80 g Holunderbeeren zufügen und 15 bis 20 Minuten köcheln lassen.

▶ Aprikosen-Orangen-Chutney:

An Stelle der Feigen 250 g Aprikosen klein würfeln und mit 50 g Rosinen, 150 ml Orangensaft, 100 ml Weißwein, 4 EL Weißweinessig und 30 g Zucker sowie den Gewürzen aus obigem Rezept fertig stellen. Die Zitronenschale durch Orangenschale ersetzen. Zur Geschmacksverstärkung kann man nach Belieben noch etwas abgeriebene Schale einer unbehandelten Zitrone dazugeben.

Apfel-Quitten-Chutney

Schmeckt zu:
- Leber
- Geflügel
- rohem Stangensellerie

Zubereitung:

1 Äpfel und Quitte schälen, vierteln, Kerngehäuse entfernen und in knapp 1 cm große Würfel schneiden. Die Datteln in Scheiben schneiden, die Zwiebel schälen, halbieren und in kleine Würfel schneiden.

2 In einem Topf den Puderzucker hell karamellisieren, Apfel-, Quitten- und Zwiebelwürfel darin kurz andünsten. Apfelsaft, Essig, 1 Prise Salz und braunen Zucker hinzufügen und etwa 30 Minuten köcheln lassen.

3 Kurz vor Ende der Garzeit Datteln, Ingwer und Piment hinzufügen, das Ganze auskühlen lassen.

▶ Raffiniert verfeinert:

Durch Granatapfelkerne, Calvados oder Orangenlikör bekommt das Chutney eine besondere Note.

▶ Apfel-Fenchel-Chutney:

Wie das Grundrezept zubereiten, nur die Quitte durch 1 Fenchelknolle und die Datteln durch 1 Möhre ersetzen.

▶ Quitten-Kürbis-Chutney:

An Stelle von Äpfeln und Datteln 300 g Muskatkürbisfleisch in Würfel schneiden. Die anderen Chutney-Zutaten wie im Rezept beschrieben verarbeiten und nach 15 Minuten Kochzeit die Kürbiswürfel mit ein paar Tropfen Anislikör und 50 g grob gehackte Walnüsse dazugeben.

Zutaten für ca. 700 g:

2 säuerliche Äpfel (ca. 350 g)

1 große Quitte (ca. 350 g)

80 g getrocknete, entkernte Datteln

1 große Zwiebel

1 TL Puderzucker

125 ml Apfelsaft

125 ml Weißweinessig

Salz

80 g brauner Zucker

1/2 TL fein gehackter Ingwer

frisch gemahlenes Piment

Info

Pektin ist ein natürliches Geliermittel, das aus Quitten oder Äpfeln gewonnen wird und im Reformhaus erhältlich ist. Damit Pektin quillt und gut dickt, muss es einmal aufgekocht werden.

Karamell-Birnen-Chutney

Schmeckt zu:
- kaltem Braten
- Wildpasteten
- gebratener Geflügelleber

Zutaten für ca. 400 g:

600 g feste reife Birnen

70 g eingelegte getrocknete Tomaten

1 unbehandelte Orange

1 EL Puderzucker

100 ml Weißweinessig

50 ml Weißwein

Salz

1 Vanilleschote

1/2 Zimtstange

80 g Zucker

1/2 TL Pektin (ca. 4 g)

1 Scheibe frischer Ingwer

Cayennepfeffer

frisch gemahlenes Piment

Zubereitung:

1 Die Birnen schälen, vierteln, entkernen und in 1 cm große Würfel schneiden. Die Tomaten abtropfen lassen und in sehr kleine Würfel schneiden.

2 Von der Hälfte der Orange die Schale möglichst dünn ohne das Weiße abschälen und klein schneiden. Die Orange halbieren und den Saft der ganzen Frucht auspressen.

3 In einem Topf den Puderzucker karamellisieren. Essig, Weißwein, Orangenschale und -saft, 1 Prise Salz, die aufgeschlitzte Vanilleschote und die Zimtstange dazugeben und das Ganze erwärmen. Zucker und Pektin vermischen und in die Flüssigkeit rühren. Die Birnenwürfel hineingeben und das Chutney etwa 15 Minuten leise köcheln lassen.

4 Den Ingwer schälen, fein hacken und mit den Tomaten in das Chutney rühren. Noch einmal kurz aufkochen lassen und mit Cayennepfeffer und Piment würzen. Zimtstange und Vanilleschote wieder entfernen und das Chutney in Gläser abfüllen.

▶ Raffiniert verfeinert:

▶ Rotwein-Birnen-Chutney:

Tomaten und Orangensaft weglassen, dafür 50 ml Rotweinessig und 150 ml Rotwein mit etwas unbehandelter Orangenschale verwenden.

▶ Birnen-Chutney mit Nougat und Trauben:

An Stelle der Tomaten 50 g Nougat und 100 g halbierte kernlose Trauben verwenden, falls nötig zuckern.

Süße
Saucen

Schokoladensauce

Schmeckt zu:
- Eis und Cremes
- Crêpes
- Früchten

Zutaten für ca. 500 g:

250 g dunkle Kuvertüre

50 g Honig

¹/₄ l Milch

¹/₂ TL gehackter Ingwer

1 Msp Vanillemark

Zubereitung:

1 Kuvertüre klein hacken, in einer Schüssel mit dem Honig mischen.

2 Die Milch mit Ingwer und Vanillemark aufkochen, auf die gehackte Kuvertüre gießen und zu einer glatten Schokoladensauce verrühren.

▶ Raffiniert verfeinert:

Diese Sauce wird kalt serviert, daher gut auskühlen lassen. Wer will, kann zum Schluss noch etwas sämig geschlagene Sahne untermischen. Ein Tropfen Rum, Orangen- oder Kaffeelikör rundet den Geschmack ab.

▶ Schnelle Schokosauce:

Für eine schnelle warme Schokosauce in einem kleinen Topf 250 g Sahne aufkochen und mit 250 g klein gehackter Kuvertüre verrühren.

▶ Schoko-Orangen-Sauce:

Einen fruchtigen Charakter erhält die Sauce, wenn man am Ende noch für einige Minuten einen Streifen unbehandelte Orangenschale einlegt.

▶ Weiße Schokoladensauce:

Die Sauce kann auch mit weißer Kuvertüre hergestellt werden. Dann den Honig weglassen, da diese Schokoladensorte von Haus aus schon süß ist. Statt mit Ingwer parfümiert man die Sauce dann mit 1 Prise Zimt, 1 EL gemahlenem Mohn und 2 cl Eierlikör.

▶ Nougatsauce:

Die Hälfte der Kuvertüre durch Nuss-Nougat-Masse ersetzen, als Aroma eignet sich ein guter Haselnuss- oder Mandellikör.

Info

Qualitativ hochwertige Kuvertüre enthält keinen Zusatz von Pflanzenfett, sondern besteht hauptsächlich aus Kakaomasse und Kakaobutter. Je nach Sorte kann sie noch unterschiedliche Mengen Milchpulver oder auch Gewürze wie z. B. Vanille oder Orangenschale enthalten.

Vanillesauce

Schmeckt zu:
- frischen Hefebuchteln und Germknödeln
- Soufflés
- Schnee-Eiern

Zubereitung:

1 Die Vanilleschoten längs halbieren und das Mark auskratzen. Milch, Sahne, die Hälfte des Zuckers, Vanillemark und die Vanilleschoten in einen Topf geben und aufkochen lassen, dann warm halten.

2 Währenddessen einen kleinen Topf mit etwas Wasser auf den Herd stellen und in einer runden Metallschüssel Eigelb, Eier und den übrigen Zucker mit einem Schneebesen hellschaumig aufschlagen. Die kochende Vanillemilch in die Eierschaummasse rühren und die Metallschüssel auf den kleinen Topf über den aufsteigenden Wasserdampf stellen.

3 Mit einem Teigschaber die Eiermilch nun ständig, aber ruhig von der Kesselwand wegrühren. Die Flüssigkeit erreicht ihre optimale Bindung bei etwa 80 °C, dann sofort durch ein Sieb gießen. Dabei bleiben die Vanilleschoten zurück und die Sauce kühlt gleichzeitig etwas ab.

▶ Tipp :

Vanillesauce wird üblicherweise warm serviert. Kalt schmeckt sie am besten mit etwas halbfest geschlagener Sahne und einem Tropfen Rum, in diesem Fall die Zuckermenge erhöhen.

▶ Eierlikör:

Dafür einfach die Milch durch Weinbrand und Sahne ersetzen. Warmer Eierlikör ist eine Köstlichkeit und macht sich auch als Geschenk sehr gut.

▶ Mit Kastanienhonig und Rosmarin:

Einen Teil des Zuckers durch etwas Honig ersetzen. In die fertige heiße Sauce 1 Rosmarinzweig einlegen und mit buntem Pfeffer würzen.

Zutaten für ca. 500 ml:

2 Vanilleschoten

200 ml Milch

200 g Sahne

40 g Zucker

3 Eigelb

2 Eier

Info

Vanillesauce heißt in der Küchensprache »Crème à l'anglaise«, also englische Creme. Sie dient auch als Basis für gutes Cremeeis. Für Krokanteis rührt man z. B. Mandelkrokant mit etwas Orangen- oder Mandellikör in die Creme und friert sie möglichst frisch in einer Eismaschine ein.

Warme Sabayon

Schmeckt zu:
- marinierten Früchten und Bratäpfeln
- Kleingebäck (z.B. Hippen) als eigenständigem Dessert
- Crêpes mit marinierten Trauben

Zutaten für ca. 500 ml:

¼ l trockener Weißwein
1 Spritzer Zitronensaft
50 g Zucker
5 Eigelb

Zubereitung:

1 Weißwein mit Zitronensaft, Zucker und Eigelb in einer runden Metallschüssel verrühren. In einem kleinen Topf etwas Wasser aufkochen, die Schüssel darauf stellen und mit einem Schneebesen so lange aufschlagen, bis ein feinporiger, fester Schaum entstanden ist. Das Wasser soll dabei nicht unkontrolliert sprudeln, sondern sieden, die Metallschüssel steht nur im Dampf.

2 Sobald die Masse dickschaumig ist, heiß in Gläsern servieren. In die Gläser können zuvor marinierte Früchte, Beeren, Nüsse, Amaretti o.Ä. gelegt werden.

▸ Raffiniert verfeinert:

Wenn man etwas geschlagene Sahne unter die fertige Sabayon zieht, eignet sie sich sehr gut zum Gratinieren.

▸ Kalte Sabayon:

Im heißen Weinschaum 1 Blatt eingeweichte Gelatine auflösen und das Ganze in kaltem Wasser oder Eiswasser kalt schlagen. So in Gläser gefüllt bleibt der Schaum luftig und stabil und kann bereits einige Stunden vor dem Servieren vorbereitet werden.

▸ Varianten:

Es gibt die verschiedensten Sabayon-Variationen, z.B. Sherry-, Glühwein-, Portwein-, Balsamico-, Zitronen- oder Orangen-Sabayon. Es wird einfach der jeweilige Alkohol oder das entsprechende Gewürz ausgetauscht. Die Balsamico-Sabayon würzt man z.B. mit Zimt und Kardamom. Die Zuckermenge variiert je nach Süße des verwendeten Alkohols.

Info

Sabayon ist eine der klassischen französischen Dessertsaucen. Bei uns kennt man sie als »Weinschaumsauce«, in Österreich heißt sie »Wein-Chaudau«, in Italien »Zabaione«. Die Rezepte weichen kaum voneinander ab, für die italienische Zabaione nimmt man jedoch Marsala statt Wein.

Holler-Birnen-Sauce

Schmeckt zu:
- Rohrnudeln, Grießstrudel
- Topfendesserts
- Vanilleeis

Zutaten für ca. 450 g:

1 feste reife Birne

1 schwach gehäufter EL Speisestärke

300 ml Rotwein

1 TL Puderzucker

100 ml Portwein

100 g Zucker

1/2 Zimtstange

1 Gewürznelke

1/2 Vanilleschote

300 g Holunderbeeren

je 1 Streifen unbehandelte Orangen- und Zitronenschale

1 Scheibe frischer Ingwer

Zubereitung:

1 Die Birne schälen, vierteln, Kerngehäuse entfernen und in knapp 1 cm große Würfel schneiden. Das Stärkemehl mit wenig Rotwein glatt rühren. In einem Topf den Puderzucker hell karamellisieren, mit dem restlichen Rotwein und dem Portwein ablöschen. Zucker, Zimtstange, Nelke und aufgeschlitzte Vanilleschote einlegen. Die Holunderbeeren dazugeben und das Ganze 10 Minuten leise köcheln lassen.

2 Die Birnenwürfel hinzufügen und weitere 2 Minuten darin ziehen lassen. Mit einer Schaumkelle etwa 4 EL Holunder-Birnen-Mischung herausnehmen und als Einlage beiseite stellen. Dann das Stärkemehl in das Holler-Birnen-Ragout rühren und 2 Minuten leise köcheln lassen.

3 Zimt, Nelke und Vanilleschote entfernen und alles im Mixer pürieren. Durch ein Sieb streichen, Orangenschale, Zitronenschale und Ingwer einlegen und nach 5 Minuten wieder entfernen. Die zurückbehaltene Holunder-Birnen-Einlage wieder hinzufügen.

▶ Tipp:

Diese Sauce kann gut einige Tage auf Vorrat gemacht werden. Wenn die Beeren richtig durchziehen können, wird sie noch besser.

▶ Hollerblütensahne:

Dafür 2 EL Hollerblütensirup mit 100 g saurer Sahne, etwas flüssiger Sahne und 1 Spritzer Zitrone verrühren. Diese aromatische kalte Sauce passt ausgezeichnet zu frischen Erdbeeren.

Orangensauce

Schmeckt zu:
- Crêpes
- Früchtesandkuchen
- Eis, Cremes und Schokodesserts

Zubereitung:

1 In einem Topf bei milder Hitze den Puderzucker hell karamellisieren. Mit $1/2$ l Orangensaft ablöschen, aufgeschlitzte Vanilleschote, Zimtstange und Zucker hineingeben und auf die Hälfte reduzieren lassen.

2 Die Speisestärke mit etwas kaltem Wasser glatt rühren, in die Orangensauce rühren und etwa 2 Minuten leise köcheln lassen. Durch ein Sieb gießen und den übrigen Orangensaft hineinrühren.

3 Ingwer und Orangenschale einlegen, abkühlen lassen und alle Gewürze wieder entfernen. Zum Schluss mit Orangenlikör und einem Spritzer Zitronensaft abschmecken.

▸ Raffiniert verfeinert:

Wird die Sauce warm serviert, z. B. zu Crêpes Suzette, kann man zum Verfeinern noch ein paar kalte Butterflöckchen hineinrühren.

Intensiver wird die Sauce mit Orangenzesten. Hierfür 2 unbehandelte Orangen dünn abschälen und die Schale in feine Streifen schneiden, 1 bis 2 Minuten blanchieren und in kaltem Wasser abschrecken.

▸ Mandarinensauce:

Nach dem gleichen Rezept kann Mandarinensauce zubereitet werden. Einfach statt Orangen- Mandarinenzesten verwenden.

▸ Orangen-Oliven-Sauce:

In die Grundsauce 2 EL in Scheiben geschnittene entkernte schwarze Oliven einlegen.

Zutaten für ca. 500 ml:

1 EL Puderzucker

$3/4$ l frisch gepresster Orangensaft

$1/2$ Vanilleschote

$1/2$ Zimtstange

50 g Zucker

1 schwach gehäufter EL Speisestärke

1 Scheibe Ingwer

1 Streifen unbehandelte Orangenschale

2 cl Orangenlikör

etwas Zitronensaft

Beerensauce

Schmeckt zu:
- Crêpes und Waffeln
- Vanilleeis
- Vanillecremes

Zutaten für ca. 500 g:

600 g gemischte Beeren
(Erdbeeren, Himbeeren, Brom-
beeren, Heidelbeeren, Rote und
Schwarze Johannisbeeren)
60 g Zucker
1 EL Zitronensaft

Tipp

Für einen hübschen Saucen-spiegel (siehe Seiten 106/107) mit der Beerensauce Punkte in eine mittelfeste weiße Sauce setzen, z.B. in Hollerblütensah-ne oder kalte Vanillesahne. Mit einem Holzspieß in einer Linie mitten durch die roten Punkte fahren, sodass lauter kleine Herzformen entstehen.

Zubereitung:

1 Die Beeren mit Zucker bestreuen und den Zitronensaft darüber träufeln.

2 Die Früchte im Mixer pürieren und durch ein Sieb streichen. Dabei bleiben alle Kerne zurück und man erhält eine glatte Sauce, die ihre Bindung durch die Früchte erhält.

▶ Raffiniert verfeinert:

Einen Akzent kann man mit etwas Kirschwasser, Rum, Orangenlikör, Himbeergeist oder Orangenzesten sezten.

▶ Erdbeersauce:

Erdbeeren immer frisch verwenden. Für die Erdbeersauce braucht man etwas weniger Zucker als für die Beerensauce. Ein paar Himbeeren in-tensivieren ihren Geschmack.

▶ Brombeer- oder Himbeersauce:

Bei Brombeeren muss der Zuckergehalt meist etwas erhöht werden. Für Brombeer- oder Himbeersauce kann sehr gut auf gefrorene Früchte zurückgegriffen werden.

Karamellsauce

Schmeckt zu:
- Eisdesserts
- Pancakes
- warmem Apfelkuchen

Zutaten für ca. 500 ml:

125 g Butter
250 g Zucker
175 ml Milch
Mark von 1 Vanilleschote

Info

Bis aus Butter und Zucker Karamell entsteht, braucht man Geduld. Zwischendurch gerinnt bzw. kristallisiert die Masse, bindet dann aber wieder. Die Hitze darf nicht zu stark sein, damit der Karamell nicht zu dunkel wird. Der Topf sollte eher hoch als breit sein, am besten ist ein kleinerer Topf von etwa 15 cm Durchmesser.

Zubereitung:

1 Die Butter in einem Topf bei milder Hitze schmelzen, den Zucker hineingeben und das Ganze so lange mit einem Holzspatel rühren, bis aus der Masse ein angenehm riechender, mittelbrauner Karamell entstanden ist.

2 Die Milch mit dem Vanillemark erhitzen und in kleinen Portionen nach und nach in den heißen Karamell rühren. Das Ganze im Mixer 1 Minute kräftig vermischen und kalt stellen.

▶ Tipp:

Diese Karamellsauce ist eine Saucenbasis. Erst mit etwas leicht geschlagener Sahne verrührt wird sie zu einer eigenständigen Sauce. Dafür die Sauce mit der Sahne zu gleichen Teilen mischen. Die Sahne-Karamell-Sauce kann in Schraubgläsern mehrere Wochen im Kühlschrank aufbewahrt werden.

▶ Vanille-Karamell-Sauce:

Vanillesauce bekommt durch ein paar Löffel Karamellsauce Pfiff. Da beide Saucen sehr süß sind, bei der Zubereitung der Vanillesauce einen Großteil des Zuckers weglassen oder noch etwas Sahne hinzufügen.

▶ Für Fleischsaucen:

Karamellsauce eignet sich hervorragend zum Abschmecken von dunklen Fleischsaucen. Sie erhalten durch das Karamellaroma einen raffinierten Geschmack. Damit das süße Aroma allerdings nicht dominiert, die Karamellsauce nur in geringer Dosierung zugeben.

Kirschsauce

Schmeckt zu:
- weißer Schokomousse, Mandelcreme und Schokodesserts
- Grießflammeri und Strudel
- Soufflés

Zubereitung:

1 Die Speisestärke mit etwas Rotwein verrühren.

2 In einem Topf den Puderzucker hell karamellisieren und mit dem restlichen Rotwein und Portwein ablöschen. Kirschsäfte, Zucker, Sternanis, Zimtstange und aufgeschlitzte Vanilleschote hinzufügen und alles einmal aufkochen lassen. Die angerührte Stärke einrühren und 2 Minuten leise köcheln lassen.

3 Vom Herd ziehen, die Orangenschale einlegen und den Honig dazugeben. Auskühlen, durchseihen und mit Kirschwasser abschmecken.

▶ Raffiniert verfeinert:

Sehr gut schmeckt die Kirschsauce, wenn man zum Schluss Minze, Marzipan, Kirschwasser, Mandel- oder Schokolikör untermischt.

▶ Kirsch-Ragout:

Sie erhalten ein würziges Kirschragout, wenn Sie entsteinte Kirschen in der Kirschsauce kurz mitkochen. Kirsch-Ragout passt warm zu Eis oder kalt zu Mohnmousse und Schokodesserts.

▶ Kirsch-Blaukraut:

Etwas Kirschsauce verleiht Blaukraut den letzten Schliff – einfach zum Schluss untermischen. Als Garnitur passen dazu karamellisierte Birnenspalten.

Zutaten für ca. 400 ml:

1 gehäufter EL Speisestärke

125 ml Rotwein

1 EL Puderzucker

125 ml Portwein

125 ml Kirschsaft

100 ml Sauerkirschsaft

50 g Zucker

1 ganzer Sternanis

1/2 Zimtstange

1 Vanilleschote

1 Streifen unbehandelte Orangenschale

1 TL Honig

2 cl Kirschwasser

Punschsauce

Schmeckt zu:
- Bratäpfeln
- weihnachtlichen Desserts
- Cremes und Eis

Zutaten für ca. 350 ml:

*1 schwach gehäufter EL
Speisestärke
200 ml Rotwein
75 ml Orangensaft
75 ml Kirschsaft
75 ml roter Portwein
50 g Zucker
1/2 Zimtstange
1 Gewürznelke
1/2 Vanilleschote
je 1 Streifen unbehandelte
Orangen- und Zitronenschale
1 TL Honig
2 cl brauner Rum
2 cl Kirschwasser*

Zubereitung:

1 Die Speisestärke mit etwas Rotwein glatt rühren.

2 Orangensaft, Kirschsaft, Portwein, restlichen Rotwein und Zucker in einen Topf geben. Zimtstange, Nelke und aufgeschlitzte Vanilleschote dazugeben und das Ganze aufkochen lassen.

3 Die angerührte Speisestärke einrühren und die Sauce weitere 2 Minuten köcheln lassen. Orangen- und Zitronenschale einlegen, den Honig hineinrühren und die Sauce abkühlen lassen. Durch ein Sieb passieren und mit Rum und Kirschwasser abschmecken.

▶ Raffiniert verfeinert:

Die Punschsauce kann kalt oder warm gereicht werden. Ausgezeichnet schmeckt sie auch mit ein paar untergemischten Rumrosinen oder mit etwas darunter gezogener, leicht angeschlagener Sahne.

▶ Glühweinsauce:

Einfach die Säfte durch Rotwein ersetzen und etwas mehr Zucker hinzufügen.

▶ Kinder-Punsch-Sauce:

Je 125 ml Apfel-, Multivitamin- und Kirschsaft mit 1/2 Zimtstange, 1 Gewürznelke, 1/2 Vanilleschote, je 1 Streifen unbehandelter Orangen- und Zitronenschale aufkochen. 1 schwach gehäuften EL Speisestärke mit etwas kaltem Wasser glatt rühren und die Sauce damit binden. 2 Minuten leise köcheln lassen, dann durch ein Sieb gießen.

Bildnachweis

Rezeptfotos: Christian R. Schulz
Aufmacherfotos: Christian R. Schulz
Umschlagfotos:
oben links: StockFood/Susie Eising
oben Mitte: Alexander Haselhoff
oben rechts: StockFood/Harry Bischof
unten links: Christian R. Schulz
unten Mitte: StockFood/Susie Eising
unten rechts: Christian R. Schulz
Rückseite links: StockFood/Elizabeth Watt
Rückseite Mitte: StockFood/Kai Mewes
Rückseite rechts: StockFood/Len Mastri
    Photogr.
S. 6: Alexander Haselhoff
S. 7: Ulrike Grothe
S. 9: Alexander Haselhoff
S. 10 ganz links: StockFood/Zabert
    Sandmann, 2. von links: StockFood/
    S. & P. Eising, 2. von rechts und ganz
    rechts: Teubner Foodfoto
S. 11: Teubner Foodfoto
S. 12/13: Karl Newedel
S. 14: Stockfood/Susie Eising
S. 15: Teubner Foodfoto